AUJOURD'HUI C'EST MEILLEUR
À LA MAISON !

les Sushis et cie

AUJOURD'HUI C'EST MEILLEUR
À LA MAISON !

les Sushis et cie

Marabout

SOMMAIRE

La cuisine japonaise

Même si les brochettes et les sushis restent des incontournables de la gastronomie japonaise, celle-ci possède de nombreuses autres spécialités moins connues. La cuisine japonaise est non seulement délicieuse, mais elle est également très saine car peu grasse, facile à préparer et d'une présentation toujours raffinée. Le régime alimentaire traditionnel des Japonais est l'un des plus sains au monde. Il fait la part belle aux produits frais et de saison. De plus, les assaisonnements subtils soulignent la saveur naturelle des aliments.
Les principaux ingrédients de la cuisine japonaise sont le riz, le poisson frais, le miso, la sauce soja, les nouilles et de nombreux légumes frais.
De nos jours, la plupart de ces ingrédients sont disponibles dans les supermarchés.

LE POISSON CRU
Le poisson doit avoir une texture ferme, une agréable odeur de mer (et non de poisson), des branchies rouge vif, et, dans l'idéal, des yeux clairs et brillants. Vous pouvez acheter un poisson entier et lever les filets, ou choisir des filets ou des pavés (de thon, par exemple) qui peuvent ensuite être coupés en tranches par le poissonnier. Les tranches de poisson se décolorant vite, il est donc préférable de le couper juste avant de le servir. Sachez que la chair d'un thon peut varier en couleur, du rouge au rose, selon la partie du poisson d'où elle provient.
Si vous décidez de couper vous-même votre poisson, utilisez toujours un couteau bien aiguisé avec une longue lame fine et flexible. Ne « sciez » jamais le poisson : coupez chaque morceau d'un seul mouvement en tirant le couteau vers le bas dans votre direction.

LES SAUCES ET LES GARNITURES
Les sauces d'accompagnement et les garnitures permettent de rehausser la saveur du poisson. Le daikon facilite la digestion et contrebalance la texture grasse d'un poisson, tandis que le gingembre mariné nettoie le palais entre les bouchées de différents poissons. Il est préférable de mettre un peu de wasabi directement sur chaque morceau de poisson avant de le tremper dans la sauce. En mélangeant le wasabi à la sauce soja, vous ne faites qu'atténuer les deux saveurs.

Petite épicerie japonaise

COPEAUX DE BONITE (KATSUOBUSHI)
La bonite (une espèce de thon) séchée et fumée est vendue sous forme de gros ou de petits copeaux. Les gros copeaux sont utilisés pour préparer le bouillon dashi et les petits pour décorer. Ils possèdent une odeur forte mais ont une saveur fumée et douce. Conservez-les dans une boîte hermétique.

CHAPELURE JAPONAISE (PANKO)
Il existe 2 types de chapelure japonaise : une fine et une grossière. La chapelure japonaise est plus grosse que la chapelure occidentale et permet d'obtenir des aliments panés très croustillants.

DAIKON, FRAIS (TAKUAN) EN PICKLES (OSHINKO)
Il s'agit d'un radis blanc ressemblant à une grosse carotte. Il possède une saveur fraîche et douce. Cuit, il prend une note sucrée. Il est souvent utilisé en salade, en décoration ou ajouté râpé à des sauces dans lesquelles on trempe les aliments. Conservez-le dans un sac plastique au réfrigérateur. Le daikon mariné en saumure est jaune vif, croquant et piquant. Il est parfait pour se nettoyer le palais entre les bouchées de différents plats.

THÉ MATCHA
Fine poudre réalisée à partir de thé vert moulu. Le thé matcha est utilisé pendant la cérémonie de thé japonaise ou pour colorer et parfumer des aliments (nouilles, crème glacée ou pâtisseries). Il est disponible dans les épiceries asiatiques ou les magasins de thés.

MISO
Pâte à base de fèves de soja fermentées, disponible en différentes couleurs et intensités. Généralement, plus le miso est foncé, plus il est salé et dense. Deux variétés sont le plus souvent utilisées : le miso blanc (shiro) qui est plus doux et sucré, et le miso rouge (aka) de couleur très foncée ; il a un goût plus prononcé et est plus salé. Vous pouvez le conserver pendant 1 an dans un récipient hermétique.

POIVRE JAPONAIS (SANSHO)
Épice japonaise à la saveur piquante et parfumée, provenant de baies séchées et moulues d'une variété de frêne épineux. À défaut, utilisez le poivre du Sichuan.

GINGEMBRE MARINÉ
Le gingembre mariné peut être rose (gari) ou rouge (beni-shoga). On le trouve dans les épiceries asiatiques et les supermarchés. Le gari est préparé à base de très fines tranches de gingembre marinées dans un mélange de vinaigre, de sucre et de colorant naturel. Il est souvent servi avec les sushis ou des aliments riches pour nettoyer le palais. Les fines lanières de beni-shoga sont utilisées pour garnir les makis.

PURÉE DE HARICOTS AZUKI
Purée sucrée, préparée avec des haricots azuki cuits et du sirop de sucre.

ALGUE KOMBU
Le kombu est la base du bouillon dashi. Vendu sous forme de larges bandes, il est parfois un peu poudreux. Ne le rincez pas, mais contentez-vous de l'essuyer avec un tissu propre ou du papier absorbant avant de l'utiliser pour qu'il ne perde pas son arôme. Retirez toujours le kombu de l'eau avant l'ébullition afin qu'il ne prenne pas une saveur amère. Avant de le faire cuire, faites des petites entailles sur les bords pour qu'il libère sa saveur.

ALGUE NORI
Le nori est une algue séchée, poussant sur les rochers dans les baies ou à l'embouchure des rivières. Les feuilles séchées de nori sont utilisées pour confectionner des makis. Le nori est aussi vendu déjà grillé (yaki-nori) ; sinon il suffit de placer une feuille de nori dans une poêle ou sous le gril et de la faire griller rapidement d'un côté jusqu'à ce qu'elle soit croustillante. Le nori existe également sous forme de fines lanières ou de paillettes (ao-nori) utilisées comme garniture.

ALGUE WAKAME
Le wakame est une algue très nutritive qui est noire lorsqu'elle est séchée et qui devient verte lorsqu'elle est réhydratée. Faites-la tremper 5 minutes seulement pour qu'elle ne se désagrège pas. L'algue possède une nervure centrale.

GRAINES DE SÉSAME
Petites graines ovales blanches ou noires (goma) vendues crues, grillées, moulues ou en pâte. L'huile de sésame est extraite des graines de sésame grillées et possède une saveur prononcée. Il existe une version pimentée que l'on sert avec les soupes de nouilles.

MÉLANGE DE 7-ÉPICES (SHICHIMI TOGARASHI)
Mélange japonais contenant 7 ingrédients différents, notamment des épices, des graines et des algues. Le mélange peut être plus ou moins pimenté et contient généralement des graines de moutarde, des graines de sésame, des graines de pavot, du poivre sansho, du shiso et des paillettes de nori.

FÈVES DE SOJA
Petites fèves séchées, ovales, de couleur jaune. Il faut les faire tremper avant de les faire cuire. Il existe des fèves de soja précuites en boîte et fraîches ou surgelées dans leur cosse (edamame). Elles sont riches en protéines et sont utilisées pour préparer du tofu, du miso et de la sauce soja.

TOFU
Riche en protéines, le tofu est une pâte de fèves de soja. Il est préparé en broyant les fèves de soja avec de l'eau afin d'obtenir un « lait » blanc cassé que l'on fait cailler puis que l'on met en moule. Il existe un tofu soyeux de texture molle, souvent utilisé pour réaliser des desserts et des sauces. On utilise le tofu soyeux ferme dans les soupes et les salades, ou on le fait frire. Le tofu ferme s'utilise pour préparer les plats mijotés et sautés car il a une meilleure tenue à la cuisson.

WASABI
Le wasabi est préparé à partir de la racine verte d'une plante japonaise (souvent désignée sous le nom de raifort japonais). La pâte de wasabi est vendue en tube, prête à l'emploi. Conservez-la au réfrigérateur après ouverture. La poudre peut être mélangée à de l'eau pour obtenir une pâte.

Ustensiles

BAGUETTES (HASHI)
Les baguettes japonaises ont une extrémité plus pointue que les chinoises. Certains modèles sont laqués et décorés ; d'autres, en pin ou en bambou, sont jetables. Les plus longues employées pour cuisiner et pour servir sont généralement attachées ensemble avec de la ficelle de manière à pouvoir les accrocher.

COUTEAUX
Les couteaux japonais sont le plus souvent en acier au carbone, ce qui les rend plus tranchants. Ils rouillent aussi plus facilement. Certains sont en acier inoxydable. Les couteaux à sashimi ont une longue lame flexible.

ÉCUMOIRE À TEMPURA (AMI-SHAKUSHI)
Écumoire en métal très fin servant à écumer l'huile chaude et le bouillon pendant la cuisson, de la tempura par exemple. Cet ustensile est également commode pour passer l'huile utilisée avant de la ranger.

ÉVENTAIL À SUSHI (UCHIWA)
Éventail plat en soie ou en papier tendu sur des branches de bambou. Sert à refroidir le riz pour les sushis.

HANDAI OU HANGIRI
Moule en bois dans lequel on étale le riz des sushis pour le séparer, le tourner et le refroidir. Il faut bien le laver et le sécher après usage pour éviter qu'il moisisse et se décolore.

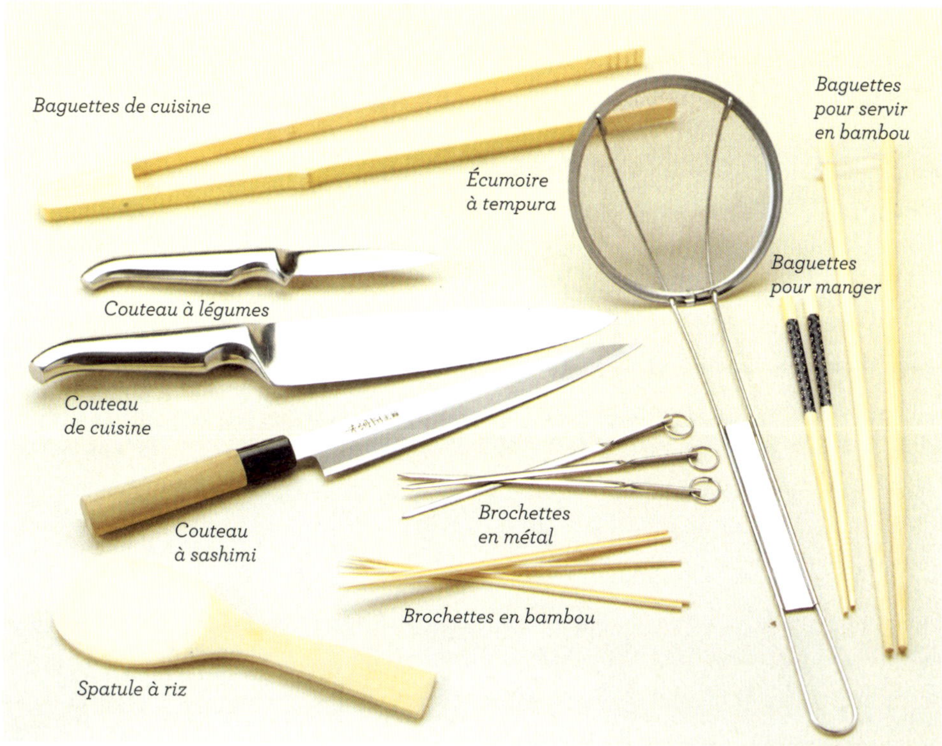

MANDOLINE
Ustensile à lames ajustables pour trancher épais ou très fin, couper en lamelles ou en bâtonnets. Idéale pour les carottes et le daikon. On obtiendra le même résultat avec l'accessoire approprié d'un robot ménager ou un tranchoir en plastique en V. En dernier ressort, utilisez le côté le plus épais d'une râpe.

MOULE POUR SUSHI (OSHIWAKU)
Grand récipient en bois permettant de mouler les sushis pressés.

NABE
Marmite en terre ou en fonte que l'on peut placer directement sur la flamme. Pour la préparation du sukiyaki, du shabu shabu et de la tempura. On peut le remplacer par un wok ou un poêlon à fondue.

NATTE EN BAMBOU (MAKISU)
Sorte de set de table, petit ou grand, composé de tiges de bambou liées par une ficelle en coton. Indispensable pour préparer les sushis roulés (makis). Nettoyez-la à l'aide d'une brosse après usage. Suspendez-la pour la faire sécher afin d'éviter toute moisissure.

POÊLE CARRÉE
Utilisée pour la cuisson des tamagoyakis, une omelette servant de garniture aux sushis ou de décoration comestible.

1 LITRE

Préparation + cuisson **15 minutes**

Premier bouillon dashi

INGRÉDIENTS

10 cm d'algue kombu
1 litre d'eau + 60 ml
15 g de copeaux de bonite séchée

1. Essuyez le kombu avec un tissu humide. Coupez-le en 3 ou en 4 morceaux. Mettez les morceaux de kombu et l'eau dans une casserole. Faites cuire 10 minutes sans couvrir. Juste avant l'ébullition, retirez les morceaux de kombu.

2. Portez à ébullition. Ajoutez 60 ml d'eau et les copeaux de bonite. Portez de nouveau à ébullition et retirez du feu aussitôt.

3. Laissez les copeaux de bonite se déposer au fond de la casserole et filtrez le bouillon à travers une passoire recouverte d'un tissu fin. Réservez le kombu et les copeaux de bonite pour préparer le second bouillon dashi (voir page ci-contre).

ASTUCE

Le premier bouillon dashi peut servir à préparer des soupes claires et certaines sauces. Gardez le kombu et les copeaux de bonite si vous souhaitez préparer un second bouillon dashi. Vous pouvez conserver les restes du premier bouillon dashi pendant 3 jours au réfrigérateur ou 1 mois au congélateur. Congelez-le par petites portions de 250 ml ou utilisez un bac à glaçons. Pour préparer un premier bouillon dashi rapidement, vous pouvez dissoudre 1 ½ cuillerée à café de dashi en granulés (dashi-no-moto) dans 1 litre d'eau chaude.

23 KCAL POUR 250 ML / LIPIDES **0,5 G** dont 0,3 g de graisses saturées
GLUCIDES **1,5 G** / PROTÉINES **2,8 G** / FIBRES **0 G**

750 ML

Préparation + cuisson **25 minutes**

Second bouillon dashi

INGRÉDIENTS

Le kombu et les copeaux de bonite réservés du premier bouillon dashi (voir page ci-contre)

1,5 litre d'eau

10 g de copeaux de bonite séchée supplémentaires

1. Mettez le kombu, les copeaux de bonite et l'eau dans une casserole. Faites cuire 10 minutes sans couvrir. Juste avant l'ébullition, baissez le feu et laissez frémir 15 minutes jusqu'à ce que le bouillon ait réduit de moitié.

2. Ajoutez les copeaux de bonite supplémentaires et retirez du feu. Laissez les copeaux de bonite se déposer au fond de la casserole et filtrez le bouillon à travers une passoire recouverte d'un tissu fin.

ASTUCE

Ce bouillon est plus concentré que le premier bouillon dashi et possède une saveur plus marquée. Il est utilisé pour préparer des soupes épaisses, des soupes miso, des bouillons corsés et des plats mijotés. Vous pouvez conserver les restes du second bouillon dashi pendant 3 jours au réfrigérateur ou 1 mois au congélateur (mais il risque de perdre de sa saveur). Congelez-le par petites portions de 250 ml ou utilisez un bac à glaçons. Pour préparer un second bouillon dashi rapidement, vous pouvez dissoudre 2 cuillerées à café de dashi en granulés (dashi-no-moto) dans 1 litre d'eau chaude.

45 KCAL POUR 250 ML / LIPIDES **1 G** dont 0,5 g de graisses saturées
GLUCIDES **3,1 G** / PROTÉINES **5,6 G** / FIBRES **0 G**

4 PERS.

Préparation + cuisson **30 minutes (+ égouttage)**

Tofu frit au bouillon

INGRÉDIENTS

300 g de tofu ferme
2 c. à s. de fécule de maïs
Huile de friture
180 ml de premier bouillon dashi (voir page 14)
2 c. à s. de sauce soja japonaise
2 c. à s. de mirin
40 g de daikon finement râpé
4 cm de gingembre frais (20 g), râpé
1 ciboule émincée
2 c. à c. de copeaux de bonite séchée

1. Placez le tofu entre 2 planches à découper et posez des poids sur la planche du dessus pour le presser. Penchez l'un des côtés pour que l'eau puisse s'écouler. Laissez s'égoutter 25 minutes.
2. Coupez le tofu en 8 morceaux et essuyez-les avec du papier absorbant. Trempez les morceaux de tofu dans la fécule et secouez-les pour retirer l'excédent. Faites chauffer l'huile dans une casserole et faites frire le tofu par petites quantités. Égouttez-le sur du papier absorbant.
3. Portez le bouillon dashi, la sauce soja et le mirin à ébullition dans une petite casserole.
4. Répartissez le tofu dans des bols, ajoutez le daikon, le gingembre et la ciboule. Versez le dashi et parsemez de copeaux de bonite.

173 KCAL PAR PORTION / LIPIDES **10,4 G** dont 1,4 g de graisses saturées
GLUCIDES **5,6 G** / PROTÉINES **10,4 G** / FIBRES **5,4 G**

4 PERS.

Préparation + cuisson **15 minutes (+ refroidissement)**

Omelette roulée

INGRÉDIENTS

8 œufs légèrement battus
1 c. à s. d'eau
ou de bouillon dashi
2 c. à c. de sucre
3 c. à c. de mirin
2 c. à c. de sauce soja claire
2 c. à s. d'huile végétale
80 ml de sauce soja japonaise
60 g de daikon finement râpé

1. Mélangez les œufs, l'eau, le sucre, le mirin et la sauce soja dans un récipient ; faites dissoudre le sucre.

2. Faites chauffer un peu d'huile à feu moyen dans une poêle japonaise carrée ou dans une poêle de 20 cm de diamètre. Versez assez d'œufs pour couvrir le fond de la poêle d'une fine couche uniforme. Si de grosses bulles se forment pendant la cuisson, percez-les pour que l'omelette reste bien à plat. Lorsque l'omelette est presque cuite, détachez les bords à l'aide d'une spatule.

3. Repliez l'omelette en trois puis poussez-la au fond de la poêle.

4. Huilez de nouveau la poêle et recommencez de la même manière en levant l'omelette roulée pour que le mélange glisse dessous. Lorsque l'omelette est presque cuite, roulez-la en trois en commençant par l'omelette déjà cuite et roulée. Recommencez jusqu'à ce qu'il n'y ait plus d'œufs.

5. Posez l'omelette sur une natte en bambou (makisu) et roulez-la fermement pour former un rectangle compact. Laissez refroidir. Coupez l'omelette roulée en tranches de 1 cm. Servez avec la sauce soja japonaise et le daikon.

271 KCAL PAR PORTION / LIPIDES **21,2 G** dont 4,8 g de graisses saturées
GLUCIDES **3,6 G** / PROTÉINES **16,5 G** / FIBRES **0,2 G**

50 PIÈCES

Préparation + cuisson **30 minutes (+ réfrigération)**

Gyozas

INGRÉDIENTS

325 g de chou blanc finement haché
300 g de porc haché
4 ciboules finement hachées
1 œuf légèrement battu
2 c. à s. de sauce soja japonaise
1 c. à s. de saké
2 c. à c. d'huile de sésame
1 c. à c. de sucre
¼ de c. à c. de poivre blanc
50 feuilles de pâte à gyozas
1 c. à s. d'huile végétale

1. Mélangez le chou, le porc, les ciboules, l'œuf, la sauce soja, le saké, l'huile de sésame, le sucre et le poivre dans un saladier. Couvrez et placez 1 heure au réfrigérateur.
2. Déposez 1 cuillerée à café pleine de garniture au centre d'une feuille à gyoza. Humidifiez le bord de la moitié du disque de pâte. Repliez et pincez le bord pour que la garniture ne s'échappe pas. Recommencez avec le reste de garniture et de feuilles de pâte.
3. Couvrez le fond d'une grande poêle d'eau et portez à ébullition. Ajoutez les gyozas en plusieurs fois. Baissez le feu et faites-les cuire 3 minutes à couvert.
4. Faites chauffer l'huile dans la même poêle, nettoyée. Faites griller les gyozas d'un seul côté à découvert, en procédant par petites quantités, jusqu'à ce qu'ils soient dorés et légèrement croustillants. Égouttez-les sur du papier absorbant.

ASTUCE
Vous pouvez varier la garniture en ajoutant des crevettes hachées, du fromage, du poivron ou de l'œuf brouillé. Servez avec de la sauce soja mélangée à de l'huile pimentée, du vinaigre de riz ou de la sauce ponzu (voir page 196).

34 KCAL PAR GYOZA / LIPIDES **1,2 G** dont 0,3 g de graisses saturées
GLUCIDES **3,4 G** / PROTÉINES **2,1 G** / FIBRES **0,4 G**

4 PERS.

Préparation + cuisson **20 minutes (+ repos)**

Crêpe japonaise au chou

INGRÉDIENTS

300 g de farine
1 ½ c. à c. de levure chimique
375 ml de premier bouillon dashi (voir page 14)
1 œuf légèrement battu
2 grandes feuilles de chou blanc
125 g de porc haché
2 c. à s. d'huile végétale
125 ml de sauce Worcestershire japonaise ou de sauce tonkatsu
2 c. à s. (45 g) de gingembre rouge mariné (beni-shoga), égoutté
1 c. à s. d'algue nori coupée en fines lanières
3 g de copeaux de bonite
Poivre

1. Tamisez la farine et la levure au-dessus d'un saladier. Ajoutez peu à peu le bouillon dashi et l'œuf, tout en remuant, pour obtenir une pâte lisse. Ne mélangez pas trop longtemps. Couvrez et laissez reposer 30 minutes.

2. Retirez les grosses côtes des feuilles de chou, coupez le reste en fines lanières. Ajoutez le chou et le porc dans la pâte, puis poivrez. Mélangez délicatement.

3. Faites chauffer ¼ de l'huile dans une poêle moyenne à feu doux. Ajoutez ¼ de la pâte et aplatissez le mélange à l'aide d'une spatule. Lorsque des bulles commencent à se former, tournez et badigeonnez le côté cuit avec la sauce. Tournez de nouveau la crêpe et badigeonnez l'autre côté de sauce. Recommencez 1 fois pour que la sauce caramélise. Retirez du feu et couvrez. Réservez au chaud. Recommencez avec le reste d'huile et de pâte pour préparer 4 crêpes au total.

4. Parsemez les crêpes de gingembre mariné, d'algue et de copeaux de bonite, puis servez.

468 KCAL PAR PORTION / LIPIDES **14,2 G** dont 2,7 g de graisses saturées
GLUCIDES **64,3 G** / PROTÉINES **18,6 G** / FIBRES **4 G**

24 PIÈCES

Préparation + cuisson **45 minutes (+ réfrigération)**

Thon teriyaki épicé

INGRÉDIENTS

180 ml de sauce soja japonaise
60 ml de mirin
2 c. à s. de miel
1 c. à s. de wasabi en tube
1 c. à c. d'huile de sésame
300 g de thon cru très frais
2 c. à s. (45 g) de gingembre rose mariné (gari), égoutté et coupé en fines lanières

1. Mélangez la sauce soja, le mirin, le miel, le wasabi et l'huile de sésame dans un saladier. Réservez 125 ml de marinade dans un bol. Ajoutez le thon dans le saladier, mélangez et couvrez. Placez au moins 3 heures au réfrigérateur.

2. Égouttez le thon et jetez la marinade. Faites cuire le thon dans une poêle chaude huilée (le degré de cuisson dépend de votre préférence, mais ne le faites pas trop cuire pour éviter qu'il soit trop sec). Coupez le thon en 24 cubes.

3. Disposez des cuillères chinoises sur un plateau. Mettez 1 cube de thon dans chaque cuillère et ajoutez 1 cuillerée à café de marinade réservée et un peu de gingembre mariné.

33 KCAL PAR BOUCHÉE / LIPIDES **0,9 G** dont 0,3 g de graisses saturées
GLUCIDES **2,2 G** / PROTÉINES **3,6 G** / FIBRES **0,1 G**

30 PIÈCES

Préparation + cuisson **1 h 30**

Gyozas au canard

INGRÉDIENTS

1 kg de canard laqué
4 ciboules émincées
2 c. à s. de saké
1 c. à s. de sauce soja japonaise
2 cm de gingembre frais (10 g), râpé
1 long piment rouge frais finement haché
30 feuilles de pâte à gyozas
2 c. à s. d'huile végétale

SAUCE AU SAKÉ

60 ml de saké
2 c. à s. de sauce soja japonaise
1 c. à s. de jus de citron vert
1 c. à c. de sucre extrafin

1. Retirez la peau et les os du canard. Hachez la viande finement. Mélangez le canard, les ciboules, le saké, la sauce soja, le gingembre et le piment dans un saladier.

2. Déposez 1 cuillerée à café pleine de garniture au centre d'une feuille à gyoza. Humidifiez le bord de la moitié du disque de pâte. Repliez et pincez le bord pour que la garniture ne s'échappe pas. Recommencez avec le reste de garniture et de feuilles de pâte.

3. Couvrez le fond d'une grande poêle d'eau et portez à ébullition. Ajoutez les gyozas en plusieurs fois. Baissez le feu et faites-les cuire 3 minutes à couvert.

4. Mélangez tous les ingrédients de la sauce au saké dans un shaker pour sauce à salade.

5. Faites chauffer l'huile dans la même poêle préalablement nettoyée. Faites griller les gyozas d'un seul côté à découvert, en procédant par petites quantités, jusqu'à ce qu'ils soient légèrement croustillants. Égouttez-les sur du papier absorbant. Servez avec la sauce au saké.

66 KCAL PAR GYOZA / LIPIDES **3,2 G** dont 0,7 g de graisses saturées
GLUCIDES **3,4 G** / PROTÉINES **5,3 G** / FIBRES **0,2 G**

4 PERS.

Préparation + cuisson **30 minutes**

Beignets de crevettes

INGRÉDIENTS

20 grosses crevettes crues (1,4 kg)
35 g de farine
¼ de c. à c. de sel
¼ de c. à c. de poivre blanc
1 œuf
2 c. à c. d'eau
60 g de chapelure japonaise (panko)
60 ml d'huile de sésame
Huile de friture
1 citron (140 g) coupé en quartiers

SAUCE
170 g de mayonnaise
1 ½ c. à s. de pickles de concombre japonais finement hachés
1 c. à s. de vinaigre de riz
1 oignon nouveau (le blanc seulement) finement haché
2 c. à s. de persil plat haché
1 gousse d'ail écrasée

1. Préparez la sauce. Mélangez les ingrédients dans un bol et placez au réfrigérateur jusqu'au moment de servir.

2. Retirez la carapace et le filament noir des crevettes en conservant la queue. Mélangez la farine, le sel et le poivre dans une assiette creuse. Battez l'œuf avec l'eau dans un bol. Trempez les crevettes une par une dans la farine en les tenant par la queue (ne recouvrez pas la queue de farine). Secouez-les pour ôter l'excédent. Trempez-les dans l'œuf puis dans la chapelure.

3. Faites chauffer l'huile de sésame dans une casserole et ajoutez l'huile de friture à mi-hauteur. Faites frire les crevettes par petites quantités. Égouttez-les sur du papier absorbant. Servez-les avec la sauce et les quartiers de citron.

ASTUCE
Si vous ne trouvez pas de pickles de concombre, remplacez-les par des cornichons à la russe.

667 KCAL PAR PORTION / LIPIDES **43,7 G** dont 5,9 g de graisses saturées
GLUCIDES **26 G** / PROTÉINES **41,4 G** / FIBRES **2,1 G**

4 PERS.

Préparation + cuisson **50 minutes**

Croquettes de bœuf et pommes de terre

INGRÉDIENTS

3 pommes de terre (600 g) coupées en morceaux
2 c. à c. d'huile de soja
½ petit oignon (40 g) finement haché
50 g de bœuf haché
2 œufs
75 g de farine
60 g de chapelure japonaise (panko)
Huile de friture
¼ de chou chinois (175 g) coupé en fines lanières
1 citron (140 g) coupé en quartiers

1. Faites cuire les pommes de terre à l'eau ou à la vapeur puis égouttez-les. Écrasez-les en purée.
2. Faites chauffer l'huile de soja dans une poêle et faites revenir l'oignon et le bœuf haché, en remuant, jusqu'à ce que l'oignon soit tendre et le bœuf coloré. Laissez refroidir 5 minutes.
3. Mélangez la purée, le bœuf à l'oignon et 1 œuf dans un saladier. Assaisonnez. Avec vos mains farinées, formez 8 croquettes ovales et aplaties. Farinez légèrement les croquettes et trempez-les une par une dans l'œuf battu, puis dans la chapelure.
4. Faites chauffer l'huile de friture dans une casserole et faites frire les croquettes par petites quantités. Égouttez-les sur du papier absorbant. Servez les croquettes avec le chou chinois et les quartiers de citron.

ASTUCE

Vous pouvez remplacer la moitié de l'huile de friture par de l'huile de sésame. Les croquettes peuvent être servies avec de la sauce soja ou du ketchup.

414 KCAL PAR PORTION / LIPIDES **19,2 G** dont 3,3 g de graisses saturées
GLUCIDES **42,3 G** / PROTÉINES **14,4 G** / FIBRES **5,6 G**

16 PIÈCES

Préparation + cuisson **1 h 50**

Rouleaux de chou farci

INGRÉDIENTS

1 c. à c. d'huile de sésame
60 ml d'huile végétale
3 champignons shiitake hachés
5 ciboules émincées
2 cm de gingembre frais (10 g), râpé
2 gousses d'ail écrasées
½ c. à c. de sansho (poivre japonais)
400 g de porc haché ou de chair à saucisse
100 g de riz japonais
5 c. à s. de mitsuba (persil japonais)
1 gros chou chinois (1,3 kg)
60 ml de vinaigre de riz
2 c. à s. de sauce soja japonaise
2 c. à s. de saké
2 c. à s. de mirin
1 c. à c. de dashi en granulés

SAUCE

1 c. à c. d'huile de sésame
2 c. à c. de mirin
2 c. à c. de sucre extrafin
1 ½ c. à s. de vinaigre de riz
60 ml de sauce soja japonaise

1. Faites chauffer l'huile de sésame et 1 cuillerée à soupe d'huile végétale dans une petite poêle. Faites revenir les champignons, les ciboules, le gingembre, l'ail et le sansho 2 minutes, en remuant. Laissez refroidir. Mélangez cette préparation avec le porc, le riz et le mitsuba.

2. Portez de l'eau à ébullition dans une grande casserole. Retirez 5 cm de la base du chou chinois. Faites-le blanchir 5 minutes. Égouttez les feuilles en réservant 750 ml d'eau de cuisson. Mélangez cette eau chaude avec le vinaigre, la sauce soja, le saké, le mirin, le dashi et le reste d'huile.

3. Posez 16 grandes feuilles de chou sur le plan de travail, la grosse côte centrale en dessous. Répartissez la farce sur la partie inférieure des feuilles. Roulez les feuilles en rentrant les bords à l'intérieur pour enfermer la farce.

4. Tapissez une grande casserole avec les ¾ du reste des feuilles de chou. Déposez les rouleaux dessus, pliure vers le bas. Couvrez avec le reste des feuilles et versez le liquide de cuisson réservé. Portez à ébullition, baissez le feu et faites mijoter 1 heure à feu doux. Mélangez les ingrédients de la sauce. Servez les rouleaux de chou avec la sauce.

122 KCAL PAR ROULEAU / LIPIDES **5,8 G** dont 1,2 g de graisses saturées
GLUCIDES **8 G** / PROTÉINES **7,1 G** / FIBRES **3,1 G**

4 PERS.

Préparation + cuisson **30 minutes (+ réfrigération)**

Poulpe grillé

INGRÉDIENTS

8 petits poulpes (100 g)
60 ml de sauce soja japonaise
60 ml de mirin
1 c. à c. de sucre extrafin
¼ de c. à c. de mélange
de 7-épices (shichimi togarashi)

1. Retirez la tête et les intestins des poulpes en tirant délicatement. Retirez l'os central. Séparez la tête et les tentacules en coupant sous les yeux. Retirez le bec dur. Retirez délicatement la membrane extérieure du corps. Lavez soigneusement le corps et les tentacules.

2. Portez à ébullition la sauce soja, le mirin et le sucre dans une petite casserole. Baissez le feu et faites mijoter 3 minutes environ à découvert pour faire épaissir la sauce légèrement. Laissez refroidir 5 minutes.

3. Mélangez le poulpe et la sauce. Couvrez et placez 30 minutes au réfrigérateur.

4. Faites griller les poulpes dans une poêle-gril chaude huilée (ou sous le gril du four ou au barbecue) jusqu'à ce qu'ils soient tendres. Coupez les poulpes en fines tranches et saupoudrez-les du mélange de 7-épices au moment de servir.

110 KCAL PAR PORTION / LIPIDES **2,7 G** dont 0,6 g de graisses saturées
GLUCIDES **3,3 G** / PROTÉINES **17,7 G** / FIBRES **0,1 G**

4 PERS.

Préparation + cuisson **20 minutes (+ égouttage)**

Tofu grillé au miso, aux épinards et au sésame

INGRÉDIENTS

600 g de tofu ferme
150 g de miso blanc (shiro miso)
2 c. à c. de sucre
2 c. à s. de mirin
80 ml de premier bouillon dashi (voir page 14)
2 c. à s. de tahini (crème de sésame)
8 feuilles d'épinard
1 c. à s. de zeste de citron, coupé en fines lanières

1. Pressez le tofu entre 2 planches de bois sous un poids. Soulevez d'un côté et laissez s'égoutter 25 minutes.

2. Mélangez le miso, le sucre, le mirin et le dashi dans une petite casserole ; faites cuire le tout en remuant jusqu'à ce que le sucre soit dissous. Ajoutez le tahini.

3. Faites cuire les épinards à l'eau, à la vapeur ou au micro-ondes jusqu'à ce qu'ils soient juste flétris. Pressez-les pour éliminer l'excédent d'eau. Mixez-les avec la moitié du mélange à base de miso.

4. Coupez le tofu en tranches de 2 cm. Séchez-les avec du papier absorbant. Disposez-les sur un plat huilé allant au four et faites-les cuire sous le gril préchauffé 3 minutes environ jusqu'à ce qu'elles soient légèrement dorées. Étalez le mélange miso-épinards sur la moitié des tranches de tofu et garnissez de miso le reste de tofu. Faites cuire 2 minutes sous le gril chaud jusqu'à ce que le miso soit légèrement doré. Garnissez de lanières de zeste de citron avant de servir.

ASTUCE

On peut tremper les lanières de zeste de citron dans de l'eau glacée pour qu'elles rebiquent. Le miso est plus ou moins fort en goût. Ajoutez du sucre en conséquence.

4 PERS.

Préparation + cuisson **40 minutes (+ repos)**

Œufs brouillés à la japonaise

INGRÉDIENTS

4 crevettes crues (100 g)
3 c. à c. de sauce soja japonaise
1 c. à c. de saké + 1 c. à s.
75 g de blancs de poulet, en tranches fines
430 ml de premier bouillon dashi froid (voir page 14)
4 œufs légèrement battus
4 champignons shiitake frais, équeutés, coupés en quatre
½ carotte (35 g), coupée en deux puis en tranches fines
8 feuilles d'épinard, blanchies, coupées grossièrement
1 c. à s. de zeste de citron, en fines lanières

1. Décortiquez les crevettes et ôtez le filament noir en laissant les queues intactes. Mélangez 1 cuillerée à café de sauce soja et 1 cuillerée à café de saké dans un bol. Ajoutez le poulet, remuez. Couvrez et laissez reposer 10 minutes.

2. Mélangez le dashi, le reste de sauce soja et 1 cuillerée à soupe de saké dans un bol. Incorporez les œufs. Passez la mixture à travers un tamis fin ou garni de mousseline au-dessus d'un grand pot.

3. Répartissez le poulet, les crevettes et les légumes dans 4 ramequins de 180 ml. Ajoutez le mélange d'œufs en laissant 1 cm en haut de chaque récipient. Couvrez les ramequins de film alimentaire.

4. Mettez les ramequins à l'intérieur d'un grand panier en bambou en les espaçant afin que la vapeur puisse circuler. Posez le panier sur un wok ou une grande casserole d'eau bouillante. Baissez le feu et laissez cuire 20 minutes à couvert.

5. Ôtez le film, puis mettez les ramequins chauds sur des petites assiettes. Garnissez avec les lanières de zeste.

ASTUCE
Pour blanchir les épinards, recouvrez-les d'eau bouillante dans un bol et laissez-les reposer 1 minute. Égouttez, puis pressez pour éliminer le liquide.

4 PERS.

Préparation + cuisson **20 minutes (+ égouttage)**

Tofu frit au daikon et au gingembre

INGRÉDIENTS

600 g de tofu ferme
50 g de farine
2 œufs légèrement battus
50 g de graines de sésame noir
50 g de graines de sésame blanc
Huile végétale pour friture
120 g de daikon finement râpé, bien égoutté
2 c. à c. de gingembre frais, râpé

SAUCE

80 ml de premier bouillon dashi (voir page 14)
1 c. à c. de mirin
1 c. à s. de sauce soja japonaise

1. Pressez le tofu entre 2 planches en bois sous un poids. Soulevez d'un côté. Laissez s'égoutter 25 minutes.
2. Coupez le tofu en dés de 2,5 cm. Plongez-les dans la farine en les secouant bien pour ôter l'excédent. Plongez-les dans les œufs battus, puis dans les graines de sésame pour les enrober.
3. Faites chauffer l'huile dans une casserole ou une poêle. Faites cuire le tofu par petites quantités. Égouttez-le sur du papier absorbant ou une grille métallique.
4. Faites chauffer les ingrédients de la sauce mélangés dans une petite casserole. Servez le tofu avec la sauce chaude et le daikon garni de gingembre.

ASTUCE

Vous pouvez ajouter des copeaux de bonite fumés et séchés aux graines de sésame si vous le souhaitez. Enrobez le tofu de miettes de pain à la place du sésame, si vous préférez.

4 PERS.

Préparation + cuisson **45 minutes**

Tempura de légumes

INGRÉDIENTS

Huile végétale pour friture
Farine
8 champignons shiitake frais
120 g de citrouille
1 petite patate douce (250 g)
1 petite aubergine (60 g)
1 carotte (120 g)
1 petit oignon rouge (150 g)
1 feuille d'algue grillée (yaki-nori)
250 g de tofu ferme, pressé (voir page 36)
1 citron en quartiers

PÂTE À TEMPURA

1 œuf légèrement battu
500 ml d'eau de Seltz glacée
150 g de farine
150 g de fécule de maïs

SAUCE

250 ml de premier bouillon dashi (voir page 14)
80 ml de mirin
80 ml de sauce soja légère
120 g de daikon finement râpé, bien égoutté
3 c. à c. de gingembre frais, râpé

1. Retirez les pieds des champignons. Coupez la citrouille, la patate douce, l'aubergine et la carotte en fines tranches. Coupez l'oignon rouge en quartiers. Coupez la feuille d'algue en carrés de 5 cm et le tofu en dés de 2 cm.

2. Préparez la pâte à tempura. Mélangez l'œuf et l'eau glacée dans un bol. Ajoutez la farine et la fécule tamisées. Remuez jusqu'à consistance homogène.

3. Faites chauffer l'huile à 170 °C. Farinez les ingrédients, sauf les carrés d'algue. Secouez pour éliminer l'excédent. Plongez les carrés d'algue et les autres ingrédients dans la pâte à tempura, égouttez-les bien. Faites frire ces ingrédients par petites quantités. Égouttez-les sur du papier absorbant. Veillez à ce que l'huile soit à la bonne température avant de poursuivre.

4. Préparez la sauce. Faites chauffer le dashi, le mirin et la sauce soja dans une casserole. Répartissez la sauce dans des bols individuels. Montez le daikon en 4 pyramides. Mettez-en une dans chaque bol et garnissez avec le gingembre. Servez les légumes avec des tranches de citron et la sauce chaude.

16 PIÈCES

Préparation + cuisson **45 minutes**

Canapés aux crevettes

INGRÉDIENTS

16 grosses crevettes crues (750 g)
2 œufs légèrement battus
35 g de fécule de maïs
8 tranches de pain de mie
1 ciboule finement hachée
Huile végétale pour friture

SAUCE PIMENTÉE DOUCE

60 ml de sauce aux piments douce
60 ml de bouillon de poulet
2 c. à c. de sauce soja

1. Décortiquez les crevettes et retirez le filament noir en laissant la queue intacte. Entaillez-les jusqu'à la moitié dans le sens de la longueur. Dans un bol, mélangez les œufs et la fécule de maïs, puis ajoutez les crevettes. Mélangez bien.

2. Retirez la croûte du pain, coupez chaque tranche en deux. Placez 1 crevette sur chaque morceau de pain en l'aplatissant légèrement. Parsemez de ciboule.

3. Faites chauffer de l'huile dans un wok. Faites frire les canapés jusqu'à ce qu'ils soient dorés. Égouttez-les sur du papier absorbant.

4. Mélangez les ingrédients de la sauce dans un bol. Servez les canapés aux crevettes avec la sauce.

117 KCAL PAR CANAPÉ / LIPIDES **4,2 G** dont 0,7 g de graisses saturées
GLUCIDES **11,6 G** / PROTÉINES **7,8 G** / FIBRES **0,8 G**

24 PIÈCES

Préparation + cuisson **5 minutes**

Brochettes de thon au sésame

INGRÉDIENTS

2 pavés de thon frais (300 g)
1 c. à s. de graines de sésame blanc
1 c. à s. de graines de sésame noir
1 c. à s. d'huile de sésame
2 c. à s. de mayonnaise
1 c. à c. de pâte wasabi

1. Mélangez les graines de sésame dans une assiette et pressez les pavés de thon dedans, sur les deux faces.

2. Faites chauffer l'huile de sésame dans une poêle et saisissez le thon à feu vif : il doit rester rosé à cœur, sinon sa chair a tendance à sécher.

3. Détaillez les pavés de thon en 24 cubes égaux de 2 cm environ. Mélangez la mayonnaise avec le wasabi.

4. Présentez chaque cube sur une pique et servez avec la mayonnaise au wasabi.

40 PIÈCES

Préparation + cuisson **50 minutes (+ repos)**

Crêpes roulées au saumon fumé

INGRÉDIENTS

75 g de farine
2 œufs
2 c. à s. d'huile végétale
250 ml de lait
2 c. à c. de câpres
2 c. à c. d'aneth
1 c. à c. de zeste de citron râpé
1 gousse d'ail pilée
250 g de mascarpone
500 g de saumon fumé coupé en tranches fines
40 brins d'aneth frais

1. Mettez la farine dans un saladier et faites un puits au centre. Battez les œufs avec l'huile et le lait, puis incorporez-les progressivement à la farine. Laissez reposer la pâte 30 minutes.

2. Versez environ 60 ml de pâte dans une crêpière antiadhésive légèrement huilée, en inclinant cette dernière en tous sens pour étaler la pâte. Faites cuire la crêpe à feu doux en décollant délicatement les bords puis retournez-la pour qu'elle dore sur l'autre face. Préparez 5 crêpes.

3. Mélangez dans un saladier les câpres, l'aneth, le zeste de citron, l'ail et le mascarpone. Tartinez 1 crêpe de 2 cuillerées à soupe de ce mélange avant d'y déposer 100 g de saumon. Roulez étroitement la crêpe. Répétez l'opération avec le reste des ingrédients.

4. Découpez chaque crêpe en 8 petits rouleaux. Décorez chaque rouleau avec 1 brin d'aneth.

Sashimis

Les sashimis se mangent généralement au début du repas avant que les papilles aient été assaillies par d'autres saveurs.

LE POISSON POUR SASHIMIS

En dehors du Japon, le poisson utilisé pour les sashimis comme pour les sushis doit être de saison et qualifié de très frais, en conformité avec les normes sanitaires en vigueur. Il doit avoir une texture ferme, une agréable odeur de mer (et non de poisson) ; les branchies doivent être rouge vif et les yeux clairs et brillants. Achetez un poisson entier et découpez-le en filets ou choisissez des filets ou des pavés (de thon, par exemple) que votre poissonnier vous débitera en tranches. Les tranches de poisson se décolorent vite une fois coupées. Il est donc préférable de le couper juste avant de servir. Sachez que la chair d'un thon peut varier en couleur, du rouge au rose, selon la partie du poisson d'où elle provient.

Si vous décidez de couper vous-même votre poisson, utilisez un couteau bien aiguisé avec une longue lame fine et flexible. Ne « sciez » jamais le poisson. Coupez chaque morceau d'un seul mouvement en tirant le couteau vers le bas dans votre direction.

SAUCES ET GARNITURES

Les sauces d'accompagnement et les garnitures n'ont pas seulement une fonction décorative. Elles rehaussent la saveur du poisson. Le daikon facilite la digestion et contrebalance la texture grasse d'un poisson comme le thon, tandis que le gingembre mariné nettoie le palais entre les bouchées de différents poissons. Il est préférable de déposer une minuscule quantité de wasabi directement sur chaque morceau de poisson avant de le tremper dans la sauce. En mélangeant le wasabi à la sauce pour tremper, on atténue l'un et l'autre des arômes.

Lorsque vous servez un mélange de sashimis, il est essentiel que les différents types de poisson n'entrent pas en contact les uns avec les autres. Séparez-les sur les plats de service ou disposez entre eux des feuilles fraîches de menthe japonaise (shiso), par exemple, de bambou, de camélia, de persil plat ou de citronnelle. De fines tranches de citron entortillées conviennent bien pour séparer les poissons gras.

Au Japon, on présente traditionnellement la plupart des choses (du service à thé aux sashimis) en nombre impair. Cependant, il n'y a aucune règle en matière de portions. Tout dépend du nombre et de l'abondance des autres plats qui composent le repas.

Accompagnements décoratifs pour sashimis et sushis

La plupart des plats japonais sont décorés pour offrir un contraste de couleur et de saveur. Ces jolies garnitures confèrent aussi aux mets une note saisonnière.

1. RADIS EN FEUILLE D'ÉRABLE (MOMIJI OROSHI)
Pour confectionner un radis en feuille d'érable, on râpe des piments séchés avec du daikon afin d'ajouter saveur et couleur à un plat. On dit que le résultat ressemble à une feuille d'érable en automne.
À l'aide d'une baguette, faites 4 trous à l'extrémité d'un daikon. Ôtez les graines des piments, puis insérez les morceaux de piment dans ces cavités avec la baguette. Râpez le daikon et les piments ensemble en un geste circulaire avec une râpe japonaise. Pressez pour éliminer le liquide. Formez des petites mottes que vous disposez au bord des assiettes de service ou au centre d'une sauce d'accompagnement.

2. FEUILLES DE WASABI
Mélangez de la poudre de wasabi avec un peu d'eau pour obtenir une pâte molle, facile à étaler. Roulez l'équivalent de 1 cuillerée à café de cette mixture en une petite boule que vous aplatissez avant de la modeler en forme de feuille. Tracez une nervure au centre de la feuille à l'aide d'un couteau ou d'un cure-dents, puis des nervures latérales à un angle de 45 °. Disposez ces feuilles près d'une rose en gingembre sur les plats de sashimis ou de sushis.

3. ROSE EN GINGEMBRE MARINÉ
Disposez des morceaux de gari (tranches de gingembre rose mariné) sur une planche à découper de manière qu'ils se chevauchent légèrement. Saisissez le bord le plus proche de vous et roulez l'autre extrémité. Redressez le petit rouleau ainsi obtenu et écartez légèrement les pétales pour qu'il ressemble à une rose. Servez avec une feuille de wasabi en garniture.

1
2
3

4 PERS.

Préparation + cuisson **25 minutes (+ repos)**

Roses de saumon et sauce au citron

INGRÉDIENTS

360 g de daikon coupé en fines lanières
1 petite carotte (70 g) coupée en fines lanières
2 c. à c. de wasabi en poudre
400 g de saumon cru très frais
1 c. à s. (18 g) de gingembre rose mariné (gari), égoutté

SAUCE AU CITRON

125 ml de vinaigre de riz
55 g de sucre extrafin
1 c. à c. de sauce soja claire
¼ de c. à c. de zeste de citron râpé
1 ciboule (le vert seulement) hachée

1. Faites tremper le daikon et la carotte séparément 15 minutes dans de l'eau glacée. Égouttez le daikon et la carotte puis mélangez-les.

2. Préparez les feuilles de wasabi. Ajoutez un peu d'eau au wasabi en poudre pour obtenir une pâte facile à étaler. Prélevez 1 cuillerée à café rase de pâte et formez une petite boule. Aplatissez-la et donnez-lui la forme d'une feuille. Dessinez les nervures avec un petit couteau.

3. Préparez la sauce au citron. Dans une petite casserole, faites chauffer le vinaigre, le sucre et la sauce soja, sans faire bouillir. Quand le sucre est dissous, retirez du feu et ajoutez le zeste de citron. Laissez reposer 10 minutes. Versez la sauce dans une coupelle, en la filtrant. Ajoutez la ciboule.

4. Placez le couteau à 45 ° au bord du filet de saumon et coupez des tranches fines. Roulez 1 tranche de saumon en un petit rouleau bien serré pour former le cœur d'une rose, puis entourez-le de 3 ou de 4 tranches de saumon pour former les pétales. Vous devez obtenir une douzaine de roses en tout.

5. Répartissez les roses de saumon, le daikon et la carotte sur des assiettes de service. Ajoutez les feuilles de wasabi autour des roses. Servez avec le gingembre mariné et la sauce au citron.

293 KCAL PAR PORTION / LIPIDES **13,8 G** dont 2,6 g de graisses saturées
GLUCIDES **17,8 G** / PROTÉINES **23,1 G** / FIBRES **1,9 G**

4 PERS.

Préparation **10 minutes (+ trempage)**

Sashimis de thon

INGRÉDIENTS

200 g de daikon coupé en fines lanières
400 g de thon cru très frais, sans peau
2 c. à c. de wasabi en tube
2 c. à s. (35 g) de gingembre rose mariné (gari), égoutté
80 ml de sauce soja japonaise

1. Faites tremper le daikon dans un saladier d'eau glacée pendant 15 minutes. Égouttez-le.
2. Mettez le thon sur une planche à découper. À l'aide d'un couteau bien aiguisé, coupez des tranches de 6 mm à angle droit par rapport au grain de la chair, en tenant le morceau de poisson avec les doigts et en le tranchant avec le couteau placé presque à la verticale.
3. Répartissez les tranches de thon et les lanières de daikon sur les assiettes de service. Servez avec le wasabi, le gingembre et la sauce soja.

ASTUCE

Vous pouvez utiliser une mandoline pour émincer le daikon.

152 KCAL PAR PORTION / LIPIDES **2,2 G** dont 0,5 g de graisses saturées
GLUCIDES **4 G** / PROTÉINES **27,8 G** / FIBRES **0,9 G**

4 PERS.

Préparation **25 minutes (+ repos et marinade)**

Salade de sashimi au thon, sauce au miso

INGRÉDIENTS

350 g de thon cru très frais
2 c. à s. de vinaigre pour sushis (voir page 68)
4 ciboules (le vert seulement) hachées

SAUCE AU MISO
2 c. à s. de miso blanc
1 c. à s. de mirin
1 c. à s. de saké
1 c. à s. de sucre
2 c. à s. de vinaigre de riz
1 c. à c. de sauce soja japonaise
½ c. à c. de moutarde japonaise

1. Coupez le thon en dés de 2 cm ou en fines tranches. Mettez-les dans un saladier avec le vinaigre pour sushis et faites mariner 15 minutes.

2. Préparez la sauce au miso. Faites chauffer le miso, le mirin, le saké et le sucre dans une petite casserole à feu doux sans faire bouillir. Quand le sucre est dissous, retirez du feu et laissez refroidir 10 minutes. Ajoutez le vinaigre, la sauce soja et la moutarde. Couvrez et placez au réfrigérateur jusqu'au moment de servir.

3. Égouttez le thon et essuyez-le avec du papier absorbant. Mettez-le dans un saladier avec la sauce au miso. Mélangez délicatement.

4. Répartissez le thon dans des bols et parsemez de ciboules. Servez avec du wasabi ou de la moutarde japonaise si vous le souhaitez.

ASTUCE
Vous pouvez remplacer le thon par du saumon cru très frais.

156 KCAL PAR PORTION / LIPIDES **2,3 G** dont 0,5 g de graisses saturées
GLUCIDES **7,2 G** / PROTÉINES **24,6 G** / FIBRES **0,7 G**

18 PIÈCES

Préparation **20 minutes**

Rouleaux de sashimi

INGRÉDIENTS

200 g de poisson très frais
(thon, saumon, chinchard...)
½ miniconcombre (65 g)
1 ciboule (le vert seulement)
¼ de poivron rouge (50 g)
coupé en fines lamelles
60 ml de sauce soja japonaise

1. Aiguisez votre couteau à l'aide d'un fusil et essuyez-le. Coupez le poisson en tranches ultrafines.

2. Coupez le concombre en deux dans la longueur et retirez les graines à l'aide d'une cuillère. Détaillez le concombre et la ciboule en longues et fines lanières. Égalisez ces lanières pour qu'elles soient de la même taille que la largeur des tranches de poisson.

3. Posez 1 tranche de poisson sur une planche à découper. Mettez 1 ou 2 morceaux de chaque légume à une extrémité. Roulez la tranche de poisson autour de la garniture. Répétez l'opération avec le reste de poisson et de garniture. Servez les rouleaux avec la sauce soja.

ASTUCE

Lorsque vous présentez des sashimis variés, les différents poissons ne doivent pas se toucher. Vous pouvez également préparer les rouleaux avec une feuille de nori grillée, de la ciboule ou des feuilles d'épinard blanchies, en les coupant de la même taille que les tranches de poisson.

16 KCAL PAR ROULEAU / LIPIDES **0,2 G** dont 0 g de graisses saturées
GLUCIDES **0,2 G** / PROTÉINES **3,2 G** / FIBRES **0,1 G**

4 PERS.

Préparation **20 minutes (+ réfrigération)**

Sashimi de saumon mariné

INGRÉDIENTS

500 g de saumon cru très frais
2 cm de gingembre frais (20 g), râpé
1 gousse d'ail écrasée
1 c. à c. de sucre de canne
2 c. à s. de sauce soja japonaise
125 ml de saké
4 ciboules hachées
2 c. à c. de graines de sésame blanc grillées

1. Coupez le saumon en lanières de 1 cm.
2. Mélangez le gingembre, l'ail, le sucre, la sauce soja, le saké et la moitié des ciboules dans un saladier. Remuez pour dissoudre le sucre. Ajoutez le saumon et mélangez-le délicatement avec la sauce. Couvrez et placez 30 minutes au réfrigérateur.
3. Répartissez le saumon, sans l'égoutter, dans des bols ou des assiettes en formant un dôme. Parsemez de graines de sésame et de ciboules restantes.

301 KCAL PAR PORTION / LIPIDES **17,7 G** dont 0,1 g de graisses saturées
GLUCIDES **1,4 G** / PROTÉINES **28,9 G** / FIBRES **0,3 G**

Sushis

Si les sushis comportent souvent du poisson cru, de nombreux autres ingrédients peuvent être associés à du riz refroidi assaisonné : fruits de mer cuits, légumes de saison et/ou légumes marinés, omelette et tofu. Il existe toute une gamme de sushis que l'on mange soit avec des baguettes, soit avec les doigts. Voici quelques formes les plus courantes.

1. MAKIS (SUSHIS EN ROBE D'ALGUE)
Ces sushis incluent du riz, du poisson et/ou d'autres ingrédients enveloppés dans une feuille d'algue (nori) à l'aide d'une petite natte en bambou spéciale. On les sert avec de la sauce soja, du gingembre rose mariné (gari) et du wasabi. Il existe différents types de makis :

HOSOMAKIS (PETITS SUSHIS)
Ce sont de minces rouleaux ne comportant qu'un ou deux ingrédients, servis coupés en 6 petits morceaux. Les kappamakis, très appréciés, contiennent uniquement du concombre, et les tekkamakis du thon.

FUTOMAKIS (GROS SUSHIS)
Confectionnés avec une feuille d'algue grillée entière (yaki-nori), ces sushis épais renferment généralement plusieurs ingrédients. Il existe une variété dite rouleau « inversé », ou uramakis, le riz étant à l'extérieur de la garniture.

TEMAKIS (SUSHIS EN CÔNE)
Ces sushis garnis ressemblent à un cornet de glace. On les mange dès qu'ils sont prêts parce qu'ils ne se conservent pas bien.

2. NIGIRIS (PETITS PAINS DE SUSHI GARNIS)
C'est sans doute le type de sushi que nous connaissons le mieux puisque c'est celui que l'on consomme généralement dans les bars à sushis du monde entier. Le riz, relevé d'une goutte de wasabi, est moulé en un tas ovale sur lequel on presse à la main une tranche de poisson, des fruits de mer, des légumes ou de l'omelette. On a parfois recours à des œufs de poisson ou de l'oursin pour confectionner des nigiris appelés « gunkan makis », mot à mot « vaisseaux de guerre », à cause de leur forme imposante. Ce sont des boulettes rondes ou ovales de la taille d'une bouchée, enveloppées dans une bande d'algue grillée sous laquelle on a logé la garniture. Trempez-les dans de la sauce soja avant de les déguster.

3. CHIRASHISIS (SUSHIS À LA MODE D'OSAKA)
C'est une variété de sushis qui convient aux débutants puisque le poisson et les légumes sont simplement éparpillés sur le riz pour sushis et non pas roulés ou moulés.

4. OSHIS (SUSHIS PRESSÉS)
Il s'agit d'une couche de riz pressée dans un grand moule en bois (oshiwaku), garnie de fruits de mer cuits, salés ou marinés, puis découpée en portions. On peut préparer ce plat à l'avance.

5. INARIS
(POCHES DE TOFU ASSAISONNÉ)
Selon la légende, les inaris tireraient leur nom du renard censé garder les récoltes. Très appréciés, ils conviennent aux débutants parce que le riz est fourré dans une poche de tofu (abura-age), assaisonné et frit, qui se tient très bien. Ils comportent rarement du poisson cru. C'est donc un bon choix pour les palais peu aventureux. On trouve ces poches assaisonnées dans les magasins asiatiques, en boîte ou en sachets. L'équivalent non assaisonné est vendu surgelé.

6. ROULEAUX CALIFORNIENS
Invention venue de Californie. Leur nom fait référence à la garniture plutôt qu'à leur forme de sushi. Ils se composent de bâtonnets de crabe, de crevettes ou de fruits de mer émiettés, d'avocat, de mayonnaise, de concombre et parfois d'œufs de poisson.

Astuces et tradition

Les sushis se mangent avec les doigts comme avec des baguettes ! Dans l'idéal, il faudrait les confectionner au moment de servir. Sinon les feuilles d'algue absorbant l'humidité du riz et de l'air risquent de se fendre. On peut cependant les préparer jusqu'à 2 heures à l'avance si on les conserve dans du film alimentaire. Coupez les rouleaux juste avant de servir.

COMMENT GARNIR LES SUSHIS ?

- En général, on n'utilise que 1 ou 2 garnitures dans les petits sushis et jusqu'à 5 ou 6 dans les gros. Si vous souhaitez en inclure davantage, détaillez les ingrédients plus finement.
- Gardez les feuilles d'algue couvertes et au sec pendant que vous confectionnez vos sushis de peur qu'elles ne ramollissent et se flétrissent sous l'effet de l'humidité de l'air.
- Si les rouleaux trop pleins se fendent, déposez une autre demi-feuille d'algue (pour les sushis minces) ou une entière (pour les plus épais) sur le makisu, du côté brillant. Posez le rouleau entier sur la feuille d'algue, fente en bas. Humidifiez légèrement la feuille sur ses longs côtés, puis, à l'aide de la natte, faites rouler le rouleau en l'écartant de vous, comme pour un sushi. Coupez-le en 6 ou en 8 morceaux en commençant par le milieu.
- Si vous faites des sushis pour une bande d'invités, y compris des enfants, nous vous conseillons d'en faire quelques-uns végétariens et d'autres sans wasabi. Servez le wasabi dans des coupelles avec les plats et prévenez vos convives qu'il ne s'agit pas de guacamole !

COMMENT SERVIR LES SUSHIS ?

- Les sushis sont toujours servis avec des tranches de gari (gingembre rose mariné) et de la sauce soja japonaise. Même s'ils contiennent déjà du wasabi, on peut en mettre à la disposition de ceux qui préfèrent un goût plus prononcé.
- Ne servez jamais de grands bols de sauce soja pour tremper. C'est une impolitesse aux yeux des Japonais. De plus, les boulettes de riz se décomposent toujours dans ce cas, ce qui n'est guère appétissant.
- Les sauces pour tremper doivent s'harmoniser avec le poisson qu'elles accompagnent. Plus la chair est délicate, plus l'assaisonnement doit être léger. La sauce ponzu (à base de citron et de soja) convient à un poisson non gras, à la saveur subtile, coupé en tranches fines, tandis que les morceaux plus épais de poisson à chair blanche et ferme requièrent un goût de soja plus prononcé. La pâte miso additionnée d'un peu de vinaigre contribue à masquer le goût de certains poissons. De plus, le vinaigre attendrit légèrement les chairs trop fermes.

Si tout cela vous semble trop compliqué, organisez une sushis party ! Préparez le riz, les feuilles d'algue et tout un assortiment d'ingrédients. Demandez à vos invités de faire leurs propres temakis – cônes roulés – à la main. Cela ne demande ni recette ni aptitude particulière, et quelqu'un trouvera peut-être un arrangement de garnitures inédit !

1,3 KG

Préparation + cuisson **25 minutes (+ repos)**

Riz pour sushis

INGRÉDIENTS

600 g de riz japonais
750 ml d'eau

ASSAISONNEMENT AU VINAIGRE

125 ml de vinaigre de riz
55 g de sucre
½ c. à c. de sel

1. Couvrez le riz d'eau froide dans un saladier. Remuez-le à la main puis égouttez-le. Répétez l'opération 2 ou 3 fois. Laissez le riz s'égoutter 30 minutes dans une passoire.

2. Mélangez les ingrédients de l'assaisonnement jusqu'à ce que le sucre soit dissous.

3. Mettez le riz et l'eau dans une casserole, couvrez hermétiquement. Portez à ébullition. Baissez le feu et laissez mijoter 12 minutes sans découvrir. Retirez la casserole du feu. Laissez reposer 10 minutes à couvert.

4. Étalez le riz dans un récipient à fond plat non métallique (de préférence en bois). À l'aide d'une grande cuillère en bois plate ou d'une spatule en plastique, tranchez régulièrement le riz à angle droit pour séparer les grains et l'empêcher de s'agglutiner tout en l'arrosant peu à peu d'assaisonnement au vinaigre. Vous n'aurez peut-être pas besoin de toute la préparation. Continuez à trancher le riz d'une main, tout en le soulevant et en le ramenant de l'extérieur du récipient vers l'intérieur. De l'autre main, éventez le riz jusqu'à ce qu'il soit tiède. Cela devrait prendre environ 5 minutes.

5. Conservez le riz sous un torchon humidifié pour l'empêcher de sécher.

261 KCAL POUR 145 G DE RIZ / LIPIDES **0,3 G** dont 0,1 g de graisses saturées
GLUCIDES **58,8 G** / PROTÉINES **4,4 G** / FIBRES **0,5 G**

30 PIÈCES

Préparation **20 minutes**

Sushis au thon

INGRÉDIENTS

450 g de riz cuit pour sushis (voir page 68)
350 g de thon très frais coupé en fines tranches
2 c. à c. de wasabi en tube
60 ml de sauce soja japonaise

1. Trempez vos doigts dans un bol d'eau vinaigrée. Prenez 1 cuillerée à soupe de riz dans la main droite en le pressant légèrement pour lui donner une forme de rectangle aux bords arrondis.

2. Prenez 1 tranche de poisson entre l'index et le pouce de la main gauche. Avec le bout de l'index de la main droite, étalez un peu de wasabi au milieu de la tranche de poisson.

3. Pliez les doigts de la main gauche pour former une coupe. Déposez-y la tranche de poisson et garnissez de riz. Avec l'index et le majeur de la main droite, pressez délicatement le riz sur le poisson.

4. Retournez le sushi afin que le poisson soit au-dessus et pressez la tranche de poisson sur le riz avec l'index et le majeur de la main droite. En maintenant le pouce à un bout du bloc de riz et l'index à l'autre, pressez délicatement le riz pour redresser les côtés.

5. Avec l'index et le pouce de la main droite, tournez le sushi de 180 ° et pressez de nouveau le poisson contre le riz en utilisant les mêmes doigts. Servez avec de la sauce soja.

41 KCAL PAR SUSHI / LIPIDES **0,3 G** dont 0,1 g de graisses saturées
GLUCIDES **5,9 G** / PROTÉINES **3,6 G** / FIBRES **0,1 G**

36 PIÈCES

Préparation **20 minutes**

Makis au thon

INGRÉDIENTS

3 feuilles de nori grillées (yaki-nori)
450 g de riz pour sushis (voir page 68)
1 c. à s. de wasabi en tube
200 g de thon cru très frais coupé en lanières épaisses
2 c. à s. (45 g) de gingembre rose mariné (gari), égoutté
60 ml de sauce soja japonaise

1. Pliez 1 feuille de nori en deux dans le sens de la longueur, coupez le long du pli. Posez ½ feuille sur une natte en bambou, le côté brillant dessous, à 2 cm du bord le plus proche de vous.

2. Trempez vos doigts dans un bol d'eau vinaigrée. Prenez 1 petite poignée de riz (75 g) et déposez-la au centre de la feuille de nori dans le sens de la longueur. Étalez le riz de manière uniforme. Laissez une bande de 2 cm non recouverte sur le bord le plus éloigné de vous. Étalez un peu de wasabi au centre du riz. Alignez les lanières de thon bout à bout sur le trait de wasabi.

3. En commençant par le bord le plus proche de vous, roulez peu à peu la natte vers l'avant, en pressant délicatement. Placez la pliure en dessous puis pressez légèrement. Déroulez la natte en bambou. Placez le rouleau sur une planche à découper, la pliure dessous. Essuyez un couteau bien aiguisé avec un tissu humide et coupez le rouleau en deux, puis chaque moitié en trois, en essuyant le couteau entre chaque coupe. Vous obtenez 6 makis.

4. Recommencez pour obtenir 36 makis. Servez les makis avec le reste de wasabi, le gingembre mariné et la sauce soja.

31 KCAL PAR MAKI / LIPIDES **0,2 G** dont 0,1 g de graisses saturées
GLUCIDES **5,2 G** / PROTÉINES **1,9 G** / FIBRES **0,1 G**

32 PIÈCES

Préparation **20 minutes**

California maki

INGRÉDIENTS

4 crevettes cuites (180 g)
½ miniconcombre (65 g)
2 feuilles de nori grillées (yaki-nori)
600 g de riz pour sushis (voir page 68)
2 c. à s. d'œufs de poisson
1 c. à c. de graines de sésame noir grillées
1 ½ c. à s. de wasabi en tube
4 lanières de daikon mariné (takuan)
1 ½ c. à s. (35 g) de gingembre rouge mariné (beni-shoga)
2 c. à s. (45 g) de gingembre rose mariné (gari)
60 ml de sauce soja japonaise

1. Retirez la carapace et le filament noir des crevettes. Coupez-les en deux dans le sens de la longueur. Coupez le concombre en fins bâtonnets.

2. Pliez 1 feuille de nori en deux dans le sens de la longueur. Coupez le long du pli. Posez ½ feuille sur une natte en bambou en plaçant le côté brillant dessous, à 2 cm du bord le plus proche de vous.

3. Trempez vos doigts dans un bol d'eau vinaigrée. Prenez ¼ du riz et étalez-le sur la demi-feuille de nori. Parsemez ¼ des œufs de poisson et des graines de sésame. Recouvrez de film alimentaire. Soulevez la natte et retournez-la de manière que la feuille d'algue soit au-dessus. Reposez-la sur la natte à 2 cm du bord. Étalez un peu de wasabi au centre de la feuille, garnissez avec ¼ du concombre, des crevettes, du daikon et du gingembre rouge.

4. Saisissez le bord de la natte et du film entre les pouces et les index. Roulez fermement la natte. Déroulez la natte et conservez le rouleau dans le film.

5. Essuyez un couteau bien aiguisé avec un tissu humide et coupez le rouleau en deux, sans retirer le film. Coupez chaque moitié en quatre afin d'obtenir 8 pièces, en essuyant le couteau entre chaque coupe. Retirez le film et servez les rouleaux avec le wasabi, le gingembre rose mariné et la sauce soja.

42 KCAL PAR MAKI / LIPIDES **0,3 G** dont 0,1 g de graisses saturées
GLUCIDES **8 G** / PROTÉINES **1,6 G** / FIBRES **0,2 G**

8 PIÈCES

Préparation **30 minutes**

Poches de tofu farcies

INGRÉDIENTS

1 miniconcombre (130 g)
8 poches de tofu frit (abura-age)
1 c. à c. de graines de sésame noir grillées
225 g de riz cuit pour sushis (voir page 68)
8 lanières de courge séchée, assaisonnée (kanpyo)
1 c. à c. (5 g) de gingembre rouge mariné (beni-shoga)

1. Coupez le concombre en petits dés. Ouvrez les poches de tofu sur un côté en insérant les doigts dans chaque coin. Réservez quelques graines de sésame pour la garniture. Mélangez le reste des graines de sésame et le concombre avec le riz.

2. Trempez les doigts de la main droite dans un bol d'eau vinaigrée. Prenez environ ⅛ du riz de la main droite et garnissez la poche, sans trop la remplir ni la déchirer.

3. Repliez un côté de la poche sur le riz puis rabattez l'autre côté sur le premier. Mettez la poche sur le plat de service, la pliure dessous.

4. Attachez 1 lanière de courge séchée autour de la poche, en faisant un nœud au-dessus, sans serrer. Recommencez avec le reste des ingrédients. Garnissez avec un peu de gingembre rouge et les graines de sésame réservées.

ASTUCE

Vous trouverez les poches de tofu et les copeaux de courge dans les épiceries asiatiques. Pour préparer l'eau vinaigrée, ajoutez 1 cuillerée à soupe de vinaigre de riz dans un bol d'eau.

162 KCAL PAR POCHE / LIPIDES **7,4 G** dont 1,3 g de graisses saturées
GLUCIDES **12 G** / PROTÉINES **11,3 G** / FIBRES **0,7 G**

12 PIÈCES

Préparation + cuisson **30 minutes (+ repos)**

Makis au crabe

INGRÉDIENTS

1 œuf
1 c. à c. de saké
1 c. à c. d'huile végétale
2 feuilles de nori grillées (yaki-nori)
450 g de riz cuit pour sushis (voir page 68)
2 surimis de crabe (40 g) coupés en bâtonnets
25 g de daikon mariné, coupé en bâtonnets
4 cm de carotte (25 g) coupée en bâtonnets
4 cm de concombre (25 g) coupé en bâtonnets
60 ml de sauce soja japonaise
2 c. à s. (45 g) de gingembre rose mariné (gari), égoutté
2 c. à c. de wasabi en tube

1. Battez légèrement l'œuf et le saké dans un bol. Faites chauffer l'huile dans un wok. Versez l'œuf battu dans le wok. Faites cuire en inclinant le wok jusqu'à ce que l'œuf soit presque cuit. Retirez l'omelette du wok et roulez-la. Coupez-la en fines tranches. Laissez refroidir à température ambiante.

2. Posez 1 feuille de nori, côté brillant en dessous, sur une natte en bambou (makisu). À l'aide de vos doigts humidifiés, étalez la moitié du riz sur la feuille de nori, en laissant une bordure de 4 cm sur l'une des extrémités. Ajoutez l'omelette, les surimis, le daikon, la carotte et le concombre au centre du riz.

3. Roulez la feuille de nori autour de la garniture, en vous aidant de la natte en bambou. Posez le rouleau sur une planche à découper en mettant la pliure en dessous. À l'aide d'un couteau aiguisé, coupez le rouleau en 6 morceaux.

4. Recommencez avec le reste des ingrédients. Servez avec de la sauce soja, du gingembre rose mariné et du wasabi.

87 KCAL PAR MAKI / LIPIDES **1,1 G** dont 0,3 g de graisses saturées
GLUCIDES **16,1 G** / PROTÉINES **2,5 G** / FIBRES **0,4 G**

16 PIÈCES

Préparation **30 minutes**

Temakis

INGRÉDIENTS

1 miniconcombre (130 g)
450 g de riz cuit pour sushis (voir page 68)
4 feuilles de nori grillées (yaki-nori)
1 gros avocat (320 g)
1 c. à s. de jus de citron
2 c. à s. de mayonnaise
1 c. à c. de wasabi en tube
4 bâtonnets de surimi coupés en quatre dans la longueur
1 c. à c. de graines de sésame noir grillées
125 ml de sauce soja japonaise
2 c. à s. (45 g) de gingembre rose mariné (gari), égoutté

1. Coupez le concombre en deux dans le sens de la longueur, puis en 16 lanières.
2. Mettez le riz dans un saladier non métallique et couvrez-le avec un torchon humide. Coupez les feuilles de nori en quatre et couvrez-les de film alimentaire jusqu'au moment de servir. Coupez l'avocat en fines tranches et badigeonnez-les de jus de citron. Mélangez la mayonnaise et le wasabi dans un bol.
3. Posez ¼ de feuille de nori côté brillant en diagonale dans le creux de votre main gauche. Trempez vos doigts dans un bol d'eau vinaigrée. Prenez l'équivalent de 2 cuillerées à soupe de riz et placez-les au centre de la feuille. Avec les doigts de la main droite, étalez le riz vers le coin supérieur de la feuille en creusant un léger sillon au milieu pour la garniture.
4. Avec un doigt de la main droite, étalez un peu de mayonnaise au wasabi dans le sillon. Ajoutez un morceau d'avocat, de surimi et de concombre, puis parsemez de graines de sésame. Repliez un côté de la feuille de nori pour qu'elle colle au riz, puis l'autre côté sur la première de face afin de former un cône.
5. Recommencez avec le reste des ingrédients pour obtenir 16 cônes en tout. Trempez chaque cône dans la sauce soja, garnissez avec 1 tranche de gingembre mariné et dégustez.

106 KCAL PAR TEMAKI / LIPIDES **4,3 G** dont 0,8 g de graisses saturées
GLUCIDES **13,6 G** / PROTÉINES **2,8 G** / FIBRES **0,6 G**

koziol

32 PIÈCES

Préparation **20 minutes**

Futomakis

INGRÉDIENTS

4 feuilles d'algue grillées (yaki-nori)
600 g de riz pour sushis (voir page 68)
2 c. à s. de wasabi
4 lamelles de daikon mariné (takuan) de 5 mm × 18 cm
200 g de thon très frais, en lanières de 1 cm d'épaisseur
1 miniconcombre (130 g) coupé en deux, épépiné, en tranches fines
½ recette d'omelette japonaise (voir page 18), détaillée en lanières de 1 cm de large
4 lanières de courge séchée, assaisonnée (kanpyo)
20 g de morue séchée, en copeaux (denbu)
2 c. à s. de gingembre rose mariné (gari)
60 ml de sauce soja japonaise

1. Déposez une feuille d'algue côté brillant sur le makisu dans le sens de la longueur, à 2 cm du bord le plus proche de vous.

2. Trempez les doigts d'une main dans un bol d'eau vinaigrée. Prenez ¼ du riz et disposez-le en travers au centre de la feuille. Avec les doigts humides, étalez le riz d'une manière uniforme sur la feuille en laissant une bande de 2 cm à l'extrémité opposée. Déposez un filet de wasabi au centre du riz. Mettez ¼ du daikon, du thon, du concombre, de l'omelette, de la courge et de la morue séchée en rang sur le wasabi, au milieu du riz.

3. En commençant par le bord le plus proche de vous, roulez le makisu vers l'avant en pressant délicatement la feuille d'algue pour bien l'envelopper autour du riz et de la garniture.

4. Déroulez le makisu. Posez le rouleau, « couture » en bas, sur une planche. Essuyez un couteau tranchant avec un tissu humide, puis coupez le rouleau en deux. Coupez chaque moitié en quatre pour obtenir 8 morceaux. Essuyez le couteau entre chaque coupe.

5. Répétez l'opération avec les autres feuilles d'algue, le reste de riz et des ingrédients. Servez ces sushis avec le reste de wasabi, du gari et de la sauce soja dans des coupelles séparées.

32 PIÈCES

Préparation **20 minutes**

Uramakis de Sidney

INGRÉDIENTS

2 feuilles de nori coupées en deux dans la longueur
600 g de riz pour sushis (voir page 68)
2 c. à c. de shichimi togarashi
2 c. à c. de graines de sésame noir
2 c. à c. de graines de sésame blanc
1 ½ c. à c. de wasabi
1 petit avocat en lamelles
200 g de saumon frais, coupé en bandes de 1 cm
60 ml de sauce soja japonaise

1. Étalez un film alimentaire sur une natte en bambou. Déposez ½ feuille de nori sur la natte dans le sens de la hauteur, face brillante en dessous. Humectez vos mains d'eau vinaigrée. Étalez ¼ du riz sur toute la surface de la feuille de nori.

2. Saupoudrez le riz avec ¼ du shichimi et ¼ des graines de sésame noir et blanc. Retournez la feuille de nori de façon que le riz se trouve contre le film. Étalez un trait de wasabi d'un bout à l'autre de la feuille de nori, à 2 cm du bord, puis recouvrez d'avocat et de saumon.

3. En vous aidant de la natte et en retirant progressivement le film, roulez l'uramaki en partant du bord le plus près de vous. La feuille de nori se trouve à l'intérieur et le riz à l'extérieur.

4. Avec un couteau essuyé avec un linge humide, coupez le rouleau en six. Répétez l'opération avec le reste des ingrédients.

5. Servez l'uramaki à température ambiante avec le reste de wasabi et la sauce soja.

ASTUCE

Pour que les uramakis ne sèchent pas, conservez le rouleau dans un film alimentaire sans le découper jusqu'au moment de servir.

48 PIÈCES

Préparation **30 minutes**

Makis au thon et au concombre

INGRÉDIENTS

4 feuilles de nori
600 g de riz pour sushis (voir page 68)
2 c. à c. de wasabi
120 g de thon frais, coupé en lanières de 5 mm
1 miniconcombre (130 g) épépiné et coupé en lamelles
60 ml de sauce soja japonaise

1. Pliez 1 feuille de nori et coupez-la à la pliure. Placez une moitié de la feuille sur une natte en bambou dans le sens de la hauteur, face brillante en dessous, à 2 cm du bas de la natte.

2. Humectez vos mains avec de l'eau vinaigrée. Déposez ¼ de riz au centre de la feuille de nori, en formant un rectangle. Retrempez vos doigts dans l'eau vinaigrée et étalez le riz en laissant 2 cm en haut de la feuille.

3. Déposez un trait de wasabi au milieu du riz sur toute la largeur. Recouvrez le wasabi de lanières de thon, puis de lamelles de concombre.

4. En vous aidant de la natte, enroulez la feuille de nori sur la garniture et pressez fermement. Quand le rouleau va se refermer, la feuille de nori va se coller automatiquement.

5. Déroulez la natte en bambou. Placez le rouleau sur un plan de travail et coupez-le en six avec un couteau aiguisé.

6. Répétez l'opération avec le reste des ingrédients et servez aussitôt à température ambiante avec de la sauce soja et du wasabi.

40 PIÈCES

Préparation **45 minutes**

Cornet californien

INGRÉDIENTS

10 feuilles de nori
100 g de mayonnaise
1 c. à c. de wasabi
600 g de riz pour sushis (voir page 68)
60 g de crabe cuit, émietté
1 miniconcombre (130 g) épépiné et coupé en lamelles
1 petit avocat coupé en lamelles
1 petit poivron rouge coupé en lamelles

1. Coupez chaque feuille de nori en quatre. Mélangez la mayonnaise et le wasabi dans un bol.

2. Placez un morceau de feuille de nori en diagonale dans votre main gauche, face lisse en dessous. Humectez vos doigts avec de l'eau vinaigrée. Prenez 2 cuillerées à soupe de riz et placez-les au centre de la feuille. Étalez délicatement le riz sur la feuille de nori, en creusant une petite rainure au milieu. Garnissez cette rainure de mayonnaise au wasabi, puis recouvrez de crabe, de concombre, d'avocat et de poivron.

3. Rabattez un côté de la feuille de nori sur la garniture, puis rabattez l'autre côté pour former un cornet. Repliez la pointe du cornet.

4. Servez à température ambiante.

4 PERS.

Préparation + cuisson **1 heure (+ repos et réfrigération)**

Sushis aux céréales et au saumon épicé

INGRÉDIENTS

100 g de riz complet
50 g de quinoa trois couleurs
50 g d'orge perlé
500 ml d'eau
60 ml de vinaigre de riz
2 c. à s. de sucre
½ c. à c. de fleur de sel
35 g de graines de tournesol finement hachées

2 feuilles de nori grillées (yaki-nori)
200 g de saumon cru très frais, coupé en fines tranches
½ c. à c. de piment moulu
1 avocat (250 g) coupé en tranches fines
1 c. à c. de jus de citron

CONCOMBRES MARINÉS

2 miniconcombres (260 g) pelés et coupés en fines rondelles
2 c. à s. de vinaigre de riz
1 c. à s. de sucre
1 gousse d'ail émincée

1. Versez les céréales et l'eau dans une casserole ; portez à ébullition. Baissez le feu, couvrez et laissez cuire 30 minutes. Laissez reposer 10 minutes hors du feu, à couvert.

2. Mélangez le vinaigre, le sucre et le sel. Placez les céréales et les graines dans un grand saladier en inox. Avec une spatule en plastique, tranchez le mélange à plusieurs reprises, à angle droit, tout en l'arrosant de l'assaisonnement au vinaigre.

3. Huilez un moule à gâteau carré de 19 cm de côté et tapissez-le de film alimentaire. Placez 1 feuille de nori au fond du moule, côté brillant vers le bas, en coupant ce qui déborde. Étalez la moitié des céréales sur la feuille. Recouvrez de saumon et saupoudrez de piment.

4. Tournez l'avocat dans le jus de citron. Étalez-le sur le saumon puis recouvrez avec le reste des céréales. Posez dessus la seconde feuille de nori, côté brillant vers le haut, et coupez l'excédent. Couvrez de film alimentaire et posez des poids sur le sushi. Placez 6 heures au réfrigérateur.

5. Préparez les concombres marinés. Mélangez les ingrédients dans un saladier, laissez reposer 5 minutes, puis égouttez. Démoulez le sushi et découpez-le en carrés. Servez avec des concombres marinés.

4 PERS.

Préparation + cuisson **40 minutes**

Bouillon de saumon au miso et aux shiitake

INGRÉDIENTS

1 kg de têtes et d'arêtes de saumon
1 petit oignon (80 g) coupé en quatre
1,25 litre d'eau
60 g de miso blanc
4 champignons shiitake frais, émincés
2 c. à c. de jus de gingembre frais
16 germes de pois gourmand
80 g de daikon coupé en fines lanières

1. Mettez les têtes et les arêtes de saumon dans une grande casserole avec l'oignon et l'eau. Portez à ébullition. Baissez le feu et faites mijoter 20 minutes à découvert. Écumez au fur et à mesure. Passez le bouillon dans une passoire recouverte d'un tissu fin au-dessus d'un saladier. Remettez le bouillon dans la même casserole après l'avoir lavée.

2. Mettez le miso dans un bol et versez peu à peu 250 ml de bouillon chaud en remuant pour diluer le miso. Versez dans la casserole et mélangez bien.

3. Ajoutez les champignons et portez à frémissement. Retirez la casserole du feu et ajoutez le jus de gingembre. Avant de servir, disposez les germes de pois gourmand et le daikon sur le dessus.

ASTUCE

Pour un bouillon plus corsé, faites-le mijoter après l'avoir passé. Vous pouvez remplacer le miso blanc par 2 cuillerées à soupe de miso rouge (il est plus salé et plus fort). Pour préparer le jus de gingembre, pressez du gingembre râpé à travers une passoire placée sur un bol. Pour obtenir 2 cuillerées à café de jus de gingembre, vous devrez râper 10 cm de gingembre frais.

69 KCAL PAR PORTION / LIPIDES **1,7 G** dont 0,5 g de graisses saturées
GLUCIDES **6,4 G** / PROTÉINES **6,1 G** / FIBRES **1,6 G**

4 PERS.

Préparation + cuisson **25 minutes**

Soupe aux légumes

INGRÉDIENTS

60 g de daikon
1 petite pomme de terre (120 g)
1 petite carotte (70 g)
2 c. à c. d'huile végétale
1 litre de second bouillon dashi (voir page 15)
1 ½ c. à c. de sauce soja japonaise
2 ciboules coupées en tronçons
60 g de haricots verts coupés en tronçons
2 champignons shiitake frais coupés en quatre
120 g de pousses de bambou émincées en boîte, rincées et égouttées
1 c. à c. de mélange de 7-épices (shichimi togarashi)

1. Coupez le daikon et la pomme de terre en quatre puis en fines tranches. Coupez la carotte en deux dans la longueur puis en fines tranches.
2. Faites chauffer l'huile dans une grande casserole. Faites revenir le daikon, la pomme de terre et la carotte, en remuant, jusqu'à ce qu'ils soient légèrement dorés.
3. Ajoutez le dashi et la sauce soja. Portez à ébullition, baissez le feu et faites mijoter 5 minutes, à découvert, jusqu'à ce que la carotte soit tendre. Ajoutez les ciboules, les haricots verts, les shiitake et les pousses de bambou. Faites mijoter, à découvert, jusqu'à ce que les légumes soient cuits.
4. Saupoudrez la soupe de mélange de 7-épices avant de servir.

ASTUCE
Vous pouvez remplacer le dashi par du bouillon de volaille. Ajoutez 100 g de tofu ou 150 g de porc ou de poulet haché pour préparer une soupe plus consistante.

79 KCAL PAR PORTION / LIPIDES **2,9 G** dont 0,5 g de graisses saturées
GLUCIDES **7 G** / PROTÉINES **4,8 G** / FIBRES **2 G**

4 PERS.

Préparation + cuisson **15 minutes**

Soupe aux nouilles udon

INGRÉDIENTS

1,5 litre d'eau
3 c. à c. de dashi en granulés
2 petits poireaux (400 g) émincés
3 ciboules
200 g de filet de porc coupé en fines tranches
80 ml de sauce soja japonaise
2 c. à s. de mirin
400 g de nouilles udon séchées

1. Portez l'eau et le dashi en granulés à ébullition dans une grande casserole. Ajoutez les poireaux. Dès la reprise de l'ébullition, baissez le feu et faites mijoter 5 minutes, à découvert, jusqu'à ce que les poireaux soient tendres.
2. Coupez 2 ciboules en tronçons et coupez la troisième en fines tranches. Ajoutez les tronçons de ciboule, le porc, la sauce soja et le mirin dans la casserole. Faites mijoter jusqu'à ce que le porc soit cuit.
3. Faites cuire les nouilles udon dans une grande casserole d'eau bouillante. Égouttez-les.
4. Répartissez les nouilles et la soupe dans des bols. Parsemez la ciboule. Saupoudrez de mélange de 7-épices (shichimi togarashi), si vous le souhaitez.

ASTUCE

Ne faites pas cuire le porc trop longtemps ; les tranches étant fines, la viande cuira rapidement.

436 KCAL PAR PORTION / LIPIDES **3,3 G** dont 0,9 g de graisses saturées
GLUCIDES **71,9 G** / PROTÉINES **24,4 G** / FIBRES **5,3 G**

4 PERS.

Préparation + cuisson **25 minutes**

Soupe miso au porc et aux haricots verts

INGRÉDIENTS

1 litre de second bouillon dashi (voir page 15)
100 g de filet de porc coupé en fines tranches
8 haricots verts coupés en petits morceaux
75 g de miso rouge
2 c. à c. de jus de gingembre frais
2 ciboules émincées

1. Portez le bouillon dashi à ébullition dans une casserole. Ajoutez le porc et les haricots verts puis portez de nouveau à ébullition. Baissez le feu et faites cuire 2 minutes à découvert.

2. Mettez le miso dans un bol et versez peu à peu 250 ml de bouillon dashi chaud, en remuant, pour diluer le miso. Versez dans la casserole et mélangez. Portez à ébullition et retirez du feu aussitôt. Incorporez le jus de gingembre.

3. Servez la soupe décorée de ciboules.

ASTUCE

Il ne faut pas laisser bouillir le miso car il perdrait de sa saveur. Pour préparer le jus de gingembre, pressez du gingembre râpé à travers une passoire placée sur un bol. Pour obtenir 2 cuillerées à café de jus de gingembre, vous devrez râper 10 cm de gingembre frais.

88 KCAL PAR PORTION / LIPIDES **2,3 G** dont 0,6 g de graisses saturées
GLUCIDES **6,2 G** / PROTÉINES **10,8 G** / FIBRES **1,4 G**

4 PERS.

Préparation + cuisson **20 minutes (+ congélation)**

Soupe au bœuf et au riz

INGRÉDIENTS

150 g de filet de bœuf maigre
1,25 litre de premier bouillon dashi (voir page 14)
3 c. à c. de sauce soja claire
600 g de riz japonais cuit, chaud (300 g de riz cru)
2 c. à c. de graines de sésame blanc grillées
2 ciboules émincées
1 c. à s. de wasabi

1. Placez le filet de bœuf, enveloppé dans du film alimentaire, 1 heure au congélateur pour pouvoir le couper facilement. Coupez le filet de bœuf en tranches très fines : la chaleur du bouillon permettra de les cuire.

2. Portez le bouillon dashi et la sauce soja à ébullition dans une casserole moyenne.

3. Répartissez le riz chaud dans des bols. Disposez le bœuf, les graines de sésame et les ciboules sur le riz. Versez le bouillon sans défaire la disposition des ingrédients. Servez avec le wasabi.

ASTUCE

Vous pouvez faire dorer le filet de bœuf entier dans une poêle pour donner davantage de saveur à la soupe. Vous pouvez aussi remplacer le bœuf par des filets de poisson, et le wasabi par du mélange de 7-épices (shichimi togarashi) ou du piment. Au Japon, le bouillon est préparé avec du thé vert à la place du dashi.

286 KCAL PAR PORTION / LIPIDES **4,2 G** dont 1,5 g de graisses saturées
GLUCIDES **45,1 G** / PROTÉINES **15,6 G** / FIBRES **1 G**

4 PERS.

Préparation + cuisson **10 minutes**

Soupe à l'œuf

INGRÉDIENTS

1 litre de premier bouillon dashi (voir page 14)
1 c. à s. de mirin
1 c. à s. de sauce soja claire
2 c. à c. de sauce soja japonaise
2 œufs légèrement battus
2 ciboules émincées

1. Portez le bouillon dashi à ébullition dans une grande casserole. Incorporez le mirin et les deux sauces soja. Versez peu à peu les œufs.
2. Servez la soupe décorée de ciboules.

ASTUCE

Vous pouvez ajouter 100 g de haricots verts cuits pour une soupe un peu plus consistante.

71 KCAL PAR PORTION / LIPIDES **3,5 G** dont 1,2 g de graisses saturées
GLUCIDES **2 G** / PROTÉINES **7 G** / FIBRES **0 G**

4 PERS.

Préparation + cuisson **50 minutes (+ trempage)**

Poulet poché dans du bouillon au wakame et au citron vert

INGRÉDIENTS

5 g d'algue wakame séchée
1 litre de bouillon de poulet
500 ml d'eau
2 blancs de poulet (400 g)
2,5 cm de gingembre frais (15 g), émincé
1 petit piment rouge thaï, émincé
2 gousses d'ail émincées
2 feuilles de citron kaffir coupées en lanières
100 g de nouilles soba sèches
40 g de germes de soja
2 c. à s. de nuoc-mâm
80 ml de jus de citron vert
2 minipak choï (300 g), feuilles détachées

1. Faites tremper le wakame 10 minutes dans de l'eau froide, puis égouttez-le. Hachez-le grossièrement, en retirant toutes les parties dures.

2. Dans une casserole, portez à ébullition le bouillon, l'eau, le poulet, le gingembre, le piment, l'ail et les feuilles de kaffir. Baissez le feu et laissez mijoter 10 minutes, à découvert, jusqu'à ce que le poulet soit cuit. Laissez refroidir le poulet dans le bouillon pendant 10 minutes puis retirez-le de la casserole. Filtrez le bouillon à travers une passoire recouverte d'un tissu fin. Jetez les éléments solides et remettez le bouillon dans la casserole. Coupez le poulet en fines tranches.

3. Faites cuire les nouilles soba dans de l'eau bouillante, égouttez-les. Répartissez les soba, le wakame et les germes de soja dans des bols.

4. Portez le bouillon à ébullition, baissez le feu et ajoutez le nuoc-mâm, le jus de citron vert et le pak choï. Versez le bouillon sur les nouilles. Ajoutez les tranches de poulet et des quartiers de citron vert, si vous le souhaitez.

252 KCAL PAR PORTION / LIPIDES **3,9 G** dont 1,2 g de graisses saturées
GLUCIDES **20,9 G** / PROTÉINES **30,7 G** / FIBRES **3,3 G**

4 PERS.

Préparation + cuisson **35 minutes**

Soupe aux crevettes et aux épinards

INGRÉDIENTS

4 crevettes crues (180 g)
50 g de pousses d'épinard
4 bandes rectangulaires de zeste de citron
1 litre de premier bouillon dashi (voir page 14)
2 c. à c. de sauce soja claire

1. Retirez la carapace et le filament noir des crevettes en conservant les queues. Incisez la partie inférieure des crevettes et aplatissez-les. Fendez le dessous des crevettes et pressez-les pour les aplatir. Pratiquez une petite entaille au centre de chaque crevette et insérez la queue à l'intérieur. Faites cuire les crevettes 1 minute dans de l'eau bouillante. Égouttez-les sur du papier absorbant.

2. Faites cuire les épinards à l'eau, à la vapeur ou au micro-ondes. Rincez-les à l'eau froide puis égouttez-les. Pressez-les bien pour retirer toute l'eau.

3. En commençant aux extrémités opposées d'une bande rectangulaire de zeste de citron, pratiquez des fentes le long des côtés sans aller jusqu'au bout. Tordez le zeste pour former un triangle ouvert. Recommencez avec le reste des zestes.

4. Portez le bouillon dashi à ébullition dans une casserole et ajoutez la sauce soja. Répartissez les épinards et les crevettes dans des bols en plaçant la queue des crevettes vers le haut. Versez le bouillon et ajoutez les triangles de zeste.

ASTUCE

Pour manipuler les épinards chauds sans vous brûler, vous pouvez les étaler sur une natte en bambou (makisu) et rouler la natte en serrant bien pour éliminer l'eau.

47 KCAL PAR PORTION / LIPIDES **0,7 G** dont 0,3 g de graisses saturées
GLUCIDES **1,8 G** / PROTÉINES **7,9 G** / FIBRES **0,4 G**

4 PERS.

Préparation + cuisson **25 minutes (+ trempage)**

Soupe au tofu et au wakame

INGRÉDIENTS

5 g d'algue wakame séchée
200 g de tofu ferme coupé en 8 tranches
1 litre de premier bouillon dashi (voir page 14)
1 c. à s. de saké
2 c. à c. de sauce soja claire
1 c. à c. de zeste de citron coupé en fines lanières

1. Faites tremper le wakame 5 minutes dans un bol d'eau froide, puis égouttez-le. Hachez-le grossièrement en retirant les côtes dures.
2. Découpez 8 fleurs de 3,5 cm de diamètre dans les tranches de tofu.
3. Répartissez le wakame et le tofu dans des bols.
4. Portez le bouillon dashi à ébullition dans une casserole puis ajoutez le saké et la sauce soja. Versez le bouillon sur le tofu et ajoutez les lanières de zeste.

ASTUCE
Si vous n'avez pas d'emporte-pièce en forme de fleur, découpez le tofu en dés de 1,5 cm de côté. Pour réaliser de longues et fines lanières de zeste de citron, utilisez un zesteur.

93 KCAL PAR PORTION / LIPIDES **4,2 G** dont 0,8 g de graisses saturées
GLUCIDES **1,6 G** / PROTÉINES **9,2 G** / FIBRES **4,2 G**

4 PERS.

Préparation + cuisson **55 minutes**

Bouillon au miso, à la courge et au soba

INGRÉDIENTS

80 g de pâte de miso rouge
60 ml de tamari
1 c. à s. d'huile d'olive
600 g de courge butternut coupée en quartiers de 2,5 cm d'épaisseur
1,5 litre d'eau
40 g de gingembre frais, taillé en allumettes
140 g de nouilles soba sèches
250 g de gai lan (brocoli chinois) paré
4 c. à s. de feuilles de nori séchées, hachées
2 ciboules émincées
2 c. à s. de graines de sésame grillées

1. Préchauffez le four à 200 °C et recouvrez une plaque de four de papier sulfurisé.
2. Fouettez 1 cuillerée à soupe de miso avec 2 cuillerées à soupe de tamari et l'huile dans un saladier. Ajoutez les quartiers de courge et remuez pour les enduire de cet assaisonnement. Disposez-les en une seule couche sur la plaque et enfournez 40 minutes.
3. Portez à ébullition l'eau, le gingembre et le reste de miso dans une grande casserole. Ajoutez les nouilles et le gai lan, puis ramenez à ébullition. Baissez le feu et laissez frémir 2 minutes jusqu'à ce que les nouilles soient cuites. Ajoutez le reste de tamari puis assaisonnez.
4. Répartissez la courge et ce bouillon dans des bols. Parsemez de nori, de ciboules et de graines de sésame.

ASTUCE

Juste avant de servir, éparpillez sur le plat un peu de 7-épices (shichimi togarashi).

4 PERS.

Préparation + cuisson **20 minutes**

Soupe de miso au tofu et aux épinards

INGRÉDIENTS

1,5 litre d'eau
75 g de pâte de miso jaune
1 c. à s. de sauce soja japonaise
15 g de gingembre frais, râpé
100 g de nouilles soba sèches
200 g de tofu mariné, coupé en dés de 2 cm de côté
4 ciboules émincées
100 g de petites feuilles d'épinard
1 long piment rouge frais, émincé

1. Versez l'eau dans une casserole, ajoutez le miso, la sauce soja et le gingembre. Portez à ébullition. Ajoutez les nouilles, portez de nouveau à ébullition puis laissez cuire 3 minutes jusqu'à ce que les nouilles soient juste tendres.

2. Ôtez du feu, ajoutez le tofu, les ciboules et les feuilles d'épinard. Remuez doucement jusqu'à ce que les épinards commencent à flétrir.

3. Versez la soupe dans des bols et parsemez de piment.

4 PERS.

Préparation + cuisson **40 minutes**

Soupe aux nouilles et au poulet

INGRÉDIENTS

1 litre d'eau
500 g de blancs de poulet sans peau
2 litres de bouillon de poulet
1 c. à s. de sauce soja japonaise
2 cm de gingembre frais (10 g), râpé
220 g de nouilles de blé fines, fraîches
125 g de petites crevettes cuites, décortiquées
200 g de porc à la sauce barbecue chinoise, coupé en fines tranches
4 ciboules émincées
1 petit poivron rouge (150 g) émincé
125 g de champignons de Paris émincés
100 g de germes de soja

1. Portez l'eau à ébullition dans une grande casserole, ajoutez le poulet et portez de nouveau à ébullition puis baissez le feu et laissez frémir 10 minutes, à couvert, jusqu'à ce que le poulet soit cuit. Laissez-le refroidir dans son eau de cuisson pendant 10 minutes. Réservez le poulet et jetez l'eau de cuisson. Quand il est suffisamment froid pour être manipulé, coupez le poulet en fines tranches.

2. Dans la même casserole nettoyée, portez le bouillon, la sauce soja et le gingembre à ébullition. Ajoutez les nouilles et séparez-les à l'aide d'une fourchette. Ajoutez le poulet et les autres ingrédients. Baissez le feu et laissez frémir pendant 5 minutes, sans couvrir, pour que la soupe soit bien chaude.

630 KCAL PAR PORTION / LIPIDES **26,6 G** dont 11,2 g de graisses saturées
GLUCIDES **37,9 G** / PROTÉINES **56 G** / FIBRES **7,8 G**

4 PERS.

Préparation + cuisson **45 minutes (+ repos)**

Salade de pommes de terre et jambon

INGRÉDIENTS

4 pommes de terre (500 g) coupées en morceaux
1 miniconcombre (130 g)
50 g de jambon blanc en tranches, coupées en lanières

SAUCE À LA MAYONNAISE
185 g de mayonnaise
2 c. à s. de vinaigre de riz
½ c. à c. de moutarde japonaise
Huile de sésame
2 ciboules ciselées
8 c. à s. de persil japonais frais (mitsuba), haché

1. Faites cuire les pommes de terre à l'eau, à la vapeur ou au micro-ondes. Égouttez-les, rincez-les sous l'eau froide puis égouttez-les de nouveau. Mettez-les dans un saladier et écrasez-les légèrement avec une fourchette (il doit rester des petits morceaux).

2. Préparez la sauce à la mayonnaise. Mélangez à l'aide d'un fouet la mayonnaise, le vinaigre, la moutarde et quelques gouttes d'huile de sésame dans un bol. Incorporez les ciboules et le persil japonais. Assaisonnez.

3. Coupez le concombre en deux dans la longueur et retirez les graines avec une cuillère. Détaillez-le en fines tranches.

4. Ajoutez le concombre, le jambon et la sauce à la mayonnaise dans le saladier avec les pommes de terre. Mélangez. Laissez reposer 15 minutes.

ASTUCE

Si vous ne trouvez de mitsuba, vous pouvez le remplacer par du persil plat.

267 KCAL PAR PORTION / LIPIDES **15,8 G** dont 1,8 g de graisses saturées
GLUCIDES **23,9 G** / PROTÉINES **5,4 G** / FIBRES **2,6 G**

4 PERS.

Préparation + cuisson **15 minutes (+ trempage)**

Salade d'aubergines, sauce au citron et à la prune

INGRÉDIENTS

4 mini-aubergines (320 g) coupées en dés
3 feuilles de shiso rouge (menthe japonaise) coupées en fines lanières

SAUCE AU CITRON ET À LA PRUNE
60 ml de jus de citron
2 c. à s. de purée d'umeboshi
2 c. à s. d'huile d'olive
2 c. à c. de sirop d'érable
1 c. à c. de sel

1. Faites tremper les dés d'aubergine 5 minutes dans un saladier d'eau froide. Égouttez-les et pressez-les pour retirer l'excédent d'eau.
2. Préparez la sauce au citron et à la prune. Mélangez les ingrédients avec un fouet dans un récipient.
3. Faites cuire les aubergines dans une casserole d'eau bouillante pendant 4 minutes environ, puis égouttez-les.
4. Répartissez les dés d'aubergine dans des bols ou des assiettes et arrosez de sauce. Décorez de shiso rouge.

ASTUCE

Si vous ne trouvez pas de shiso, remplacez-le par un mélange de basilic et de menthe. La purée d'umeboshi est préparée avec des abricots japonais (ume) séchés dans du sel et teintés en rouge avec des feuilles de shiso. On la trouve dans les épiceries asiatiques et les magasins bio.

140 KCAL PAR PORTION / LIPIDES **9,5 G** dont 1,3 g de graisses saturées
GLUCIDES **12 G** / PROTÉINES **1 G** / FIBRES **1,9 G**

4 PERS.

Préparation **20 minutes**

Salade de chou

INGRÉDIENTS

½ miniconcombre (65 g)
1 petite carotte (70 g)
1 bâton de céleri (150 g)
1 ciboule
400 g de chou chinois coupé en fines lanières
10 g d'algue nori séchée (ao-nori), en lanières

SAUCE À L'ANCHOIS
1 c. à s. d'huile de tournesol
1 c. à s. de vinaigre de riz
1 c. à c. de sauce soja japonaise
½ c. à c. de sucre extrafin
1 filet d'anchois finement haché

1. Préparez la sauce à l'anchois. Fouettez les ingrédients dans un récipient jusqu'à dissolution du sucre.
2. Coupez le concombre, la carotte, le céleri et la ciboule en fines lanières. Mettez-les dans un saladier. Ajoutez le chou chinois et l'algue.
3. Au moment de servir, versez la sauce sur la salade. Mélangez délicatement.

86 KCAL PAR PORTION / LIPIDES **4,9 G** dont 0,5 g de graisses saturées
GLUCIDES **4,7 G** / PROTÉINES **2,8 G** / FIBRES **6 G**

6 PERS.

Préparation **30 minutes (+ repos)**

Coleslaw japonais

INGRÉDIENTS

½ petit daikon (150 g) coupé en fins bâtonnets
½ petit chou chinois (350 g) coupé en fines lanières
1 grosse carotte (180 g) coupée en fins bâtonnets
2 ciboules (50 g) coupées en fines tranches
1 c. à s. de graines de sésame noir grillées
Sel

SAUCE À LA MOUTARDE ET AU SOJA

125 g de mayonnaise
¼ de c. à c. de moutarde japonaise
1 ½ c. à s. de vinaigre de riz
1 c. à s. de saké
2 c. à c. de sauce soja japonaise
1 c. à c. de sucre extrafin
½ c. à c. d'huile de sésame

1. Mettez le daikon dans une passoire. Saupoudrez de sel et laissez reposer 15 minutes. Pressez pour retirer l'excédent d'eau.

2. Préparez la sauce à la moutarde et au soja. Fouettez les ingrédients dans un saladier jusqu'à ce que la sauce soit onctueuse.

3. Mettez le daikon dans un saladier avec le chou chinois, la carotte, les ciboules, les graines de sésame et la sauce. Mélangez délicatement.

127 KCAL PAR PORTION / LIPIDES **8,3 G** dont 0,9 g de graisses saturées
GLUCIDES **8,7 G** / PROTÉINES **2 G** / FIBRES **3,6 G**

4 PERS.

Préparation + cuisson **25 minutes**

Salade de nouilles soba au crabe et au gingembre

INGRÉDIENTS

250 g de nouilles soba sèches
150 g de chair de crabe cuit, émiettée
50 g de germes de pois gourmand
40 g de germes de soja
7 ciboules hachées
1 ½ c. à s. de graines de sésame blanc grillées
1 c. à s. (25 g) de gingembre rouge mariné (beni-shoga), coupé en fines lanières

VINAIGRETTE

80 ml d'huile végétale
80 ml de vinaigre de riz
2 c. à c. de sauce soja japonaise
1 c. à c. de sucre
½ c. à c. d'huile de sésame

1. Faites cuire les nouilles dans une grande casserole d'eau bouillante. Égouttez-les. Rincez-les à l'eau froide et égouttez-les de nouveau. Coupez les nouilles avec des ciseaux.

2. Préparez la vinaigrette. Mélangez les ingrédients dans un shaker pour sauce à salade jusqu'à dissolution du sucre.

3. Mettez les nouilles dans un saladier avec la chair de crabe, les germes de pois gourmand et de soja, les ciboules (gardez-en un peu pour la décoration), la vinaigrette et 1 cuillerée à soupe de graines de sésame. Mélangez délicatement. Parsemez la salade avec le reste des graines de sésame.

4. Répartissez la salade dans des assiettes et ajoutez la ciboule réservée et le gingembre.

440 KCAL PAR PORTION / LIPIDES **22,3 G** dont 2,8 g de graisses saturées
GLUCIDES **45,2 G** / PROTÉINES **13,3 G** / FIBRES **3,1 G**

4 PERS.

Préparation + cuisson **35 minutes**

Salade de millet et de tofu

INGRÉDIENTS

200 g de millet
2 longs piments rouges frais, finement hachés
45 g de cacahuètes grillées, non salées, hachées
400 g de tofu ferme mariné, coupé en fins bâtonnets
100 g de pois gourmands coupés en fins bâtonnets dans la longueur
230 g de pousses de bambou en boîte, rincées, égouttées et émincées
½ petit oignon rouge émincé

VINAIGRETTE AU MIRIN
60 ml de mirin
1 c. à s. de sauce soja japonaise
1 c. à s. de vinaigre de riz
1 gousse d'ail écrasée

1. Faites cuire le millet dans une casserole d'eau bouillante, sans couvrir, jusqu'à ce qu'il soit tendre. Égouttez-le et laissez-le refroidir.
2. Préparez la vinaigrette au mirin. Mélangez tous les ingrédients dans un shaker pour sauce à salade.
3. Dans un saladier, mélangez le millet avec les piments, les cacahuètes et la moitié de la vinaigrette.
4. Mélangez le reste des ingrédients et le reste de vinaigrette dans un autre saladier.
5. Servez le millet en ajoutant la salade de tofu sur le dessus.

ASTUCE
Vous trouverez le tofu pimenté dans les épiceries asiatiques.

401 KCAL PAR PORTION / LIPIDES **14,4 G** dont 2,2 g de graisses saturées
GLUCIDES **39,3 G** / PROTÉINES **22 G** / FIBRES **8,8 G**

6 PERS.

Préparation + cuisson **20 minutes**

Salade de nouilles soba aux crevettes

INGRÉDIENTS

270 g de nouilles soba sèches
20 crevettes crues (900 g)
1 carotte (120 g) coupée en bâtonnets
1 petit daikon (400 g) coupé en bâtonnets
2 ciboules émincées
1 long piment rouge frais, émincé
½ feuille de nori grillée (yaki-nori), coupée en fines lanières

VINAIGRETTE AU SOJA

2 c. à s. de vinaigre de riz
2 c. à s. d'eau
1 c. à s. de sauce soja japonaise
½ c. à c. de sucre

1. Faites cuire les nouilles dans de l'eau bouillante puis égouttez-les. Rincez les nouilles à l'eau froide et égouttez-les de nouveau.

2. Préparez la vinaigrette au soja. Mélangez les ingrédients dans un shaker pour sauce à salade.

3. Retirez la carapace et le filament noir des crevettes, puis coupez-les en deux dans la longueur. Faites cuire les crevettes dans de l'eau bouillante, sans couvrir, jusqu'à ce qu'elles deviennent roses. Égouttez-les et laissez-les refroidir.

4. Mettez les nouilles, les crevettes et la vinaigrette dans un saladier avec la carotte, le daikon, les ciboules et le piment. Au moment de servir, parsemez le tout de lanières de nori.

240 KCAL PAR PORTION / LIPIDES **1,1 G** dont 0,2 g de graisses saturées
GLUCIDES **33,8 G** / PROTÉINES **21,3 G** / FIBRES **3,1 G**

4 PERS.

Préparation + cuisson **15 minutes (+ trempage)**

Salade de daikon et de carotte

INGRÉDIENTS

2 carottes (240 g) coupées en fins bâtonnets
360 g de daikon coupé en fins bâtonnets
4 feuilles de shiso (menthe japonaise)
1 c. à s. de zeste de citron coupé en fines lanières
1 c. à c. de graines de sésame noir grillées
80 ml de vinaigre pour sushis (voir page 68)

1. Mettez les carottes et le daikon dans 2 saladiers distincts et couvrez-les d'eau glacée. Laissez tremper 15 minutes, égouttez et pressez délicatement pour retirer le maximum d'eau.
2. Disposez les feuilles de shiso les unes sur les autres et roulez le tout. Coupez-les en fines lanières.
3. Mélangez délicatement les carottes, le daikon et le shiso dans un saladier. Au moment de servir, ajoutez le zeste de citron et les graines de sésame puis arrosez de vinaigre pour sushis.

ASTUCE

Cette salade rafraîchissante est idéale pour accompagner de la viande ou du poisson au barbecue.

40 KCAL PAR PORTION / LIPIDES **0,7 G** dont 0 g de graisses saturées
GLUCIDES **5,1 G** / PROTÉINES **1,1 G** / FIBRES **3,1 G**

4 PERS.

Préparation + cuisson **25 minutes**

Salade de saumon fumé, avocat et udon

INGRÉDIENTS

250 g de nouilles udon sèches
300 g de saumon fumé en tranches
90 g de germes de pois gourmand
2 c. à s. de ciboulette finement hachée
1 petit oignon rouge (100 g) finement haché
2 petits avocats (450 g) coupés en dés

VINAIGRETTE AU CITRON VERT ET AU WASABI

80 ml d'huile d'olive douce
2 c. à s. de vinaigre de riz
1 c. à s. de mirin
1 c. à s. de jus de citron vert
2 c. à c. de wasabi en tube

1. Faites cuire les nouilles dans de l'eau bouillante puis égouttez-les. Rincez-les sous l'eau froide et égouttez-les de nouveau.
2. Préparez la vinaigrette au citron vert et au wasabi. Mélangez les ingrédients dans un shaker pour sauce à salade.
3. Séparez les tranches de saumon et coupez-les en petites lanières.
4. Au moment de servir, mettez les nouilles et le saumon dans un grand saladier avec les germes de pois gourmand, la ciboulette, l'oignon, les avocats et la vinaigrette. Mélangez délicatement.

691 KCAL PAR PORTION / LIPIDES **40,6 G** dont 7,4 g de graisses saturées
GLUCIDES **50,2 G** / PROTÉINES **28,2 G** / FIBRES **4,7 G**

4 PERS.

Préparation + cuisson **30 minutes (+ repos)**

Salade de nouilles somen, de crevettes et de concombre

INGRÉDIENTS

2 miniconcombres (260 g)
2 c. à c. de sel
1 c. à s. d'algue wakame séchée
12 crevettes cuites (540 g)
100 g de nouilles somen sèches
3 ciboules émincées

VINAIGRETTE AU GINGEMBRE
½ c. à c. de dashi en granulés
1 c. à s. d'eau chaude
125 ml de vinaigre de riz
60 ml de mirin
1 c. à c. de sauce soja japonaise
½ c. à c. d'huile de sésame
2 cm de gingembre frais (10 g), râpé
1 pincée de sucre extrafin

1. Coupez les concombres en deux dans la longueur et retirez les graines à l'aide d'une cuillère. Tranchez-les finement en biais. Mettez-les dans une passoire et saupoudrez-les de sel. Laissez dégorger 10 minutes. Rincez les concombres sous l'eau froide, égouttez-les et pressez-les pour retirer le maximum d'eau. Placez-les au réfrigérateur.

2. Préparez la vinaigrette au gingembre. Dans un bol, diluez les granulés de dashi dans l'eau chaude. Incorporez le reste des ingrédients et placez au réfrigérateur.

3. Faites tremper le wakame 5 minutes dans de l'eau froide. Égouttez-le. Retirez la carapace et le filament noir des crevettes. Coupez-les en deux. Faites cuire les nouilles dans de l'eau bouillante. Égouttez-les. Rincez-les à l'eau froide puis égouttez-les de nouveau.

4. Mélangez les concombres, le wakame, les crevettes, la vinaigrette et la moitié des ciboules dans un saladier. Avant de servir, parsemez le reste de ciboules et un peu de mélange de 7-épices, si vous le souhaitez.

184 KCAL PAR PORTION / LIPIDES **1,7 G** dont 0,3 g de graisses saturées
GLUCIDES **18,5 G** / PROTÉINES **19,3 G** / FIBRES **1,6 G**

4 PERS.

Préparation + cuisson **50 minutes**

Saumon au wasabi et salade de riz complet

INGRÉDIENTS

500 g de riz basmati complet
350 g de saumon ultrafrais
2 c. à s. de graines de sésame
1 c. à s. de wasabi en poudre
2 c. à s. d'huile d'olive
100 g de mesclun
70 g de gingembre mariné
2 ciboules émincées
1 long piment rouge frais, émincé
1 gros avocat (320 g) coupé en gros morceaux
2 c. à s. de tamari
2 c. à s. de jus de citron vert
1 c. à s. d'huile d'olive
1 citron vert coupé en quartiers

1. Faites cuire le riz comme indiqué sur le paquet. Laissez-le refroidir.
2. Roulez le saumon dans le mélange de graines de sésame et de wasabi. Faites chauffer l'huile dans une grande poêle sur feu vif. Faites cuire le saumon 1 minute sur chaque face : il doit être doré mais rester cru au centre. Laissez-le refroidir 5 minutes, puis coupez-le en tranches fines.
3. Dans un saladier, mélangez le riz, le mesclun, le gingembre, les ciboules, le piment et l'avocat.
4. Versez le tamari, le jus de citron et la cuillerée à soupe d'huile dans un shaker pour sauce à salade. Fermez et secouez.
5. Disposez la salade et le saumon sur un plat, arrosez de sauce et servez avec des quartiers de citron vert.

ASTUCE
Si vous ne trouvez pas de wasabi en poudre, utilisez la même quantité de pâte de wasabi et étalez-la sur le saumon avant de la passer dans les graines de sésame.
Si vous préférez du poisson cuit, prolongez la cuisson de 1 min 30 sur chaque face.

691 KCAL PAR PORTION / LIPIDES **41,6 G** dont 8,4 g de graisses saturées
GLUCIDES **44,3 G** / PROTÉINES **32 G** / FIBRES **5,4 G**

4 PERS.

Préparation + cuisson **35 minutes**

Salade de thon façon sushi

INGRÉDIENTS

200 g de riz complet
80 ml de sauce teriyaki
80 ml de vinaigre de riz
1 c. à s. de gingembre frais, râpé
2 boîtes de 185 g de thon au naturel, égoutté
1 miniconcombre (130 g)
1 gros avocat (320 g) finement tranché
1 grosse carotte (180 g) taillée en fins bâtonnets
90 g de gingembre mariné, émincé
1 c. à s. de graines de sésame grillées
½ feuille de nori grillée (yaki-nori), détaillée en fines lamelles

1. Faites cuire le riz comme indiqué sur le paquet. Égouttez-le.
2. Mélangez la sauce teriyaki, le vinaigre et le gingembre râpé dans un petit bol.
3. Mélangez le riz chaud et la moitié de la sauce dans un bol.
4. Servez le riz avec le thon, le concombre coupé en fins bâtonnets, l'avocat, la carotte et le gingembre mariné. Arrosez du reste de sauce et parsemez de graines de sésame et de nori.

4 PERS.

Préparation + cuisson **35 minutes (+ trempage et égouttage)**

Salade aux cinq couleurs

INGRÉDIENTS

6 champignons shiitake, séchés
120 g de daikon pelé et émincé dans la longueur
1 carotte (120 g) émincée dans la longueur
115 g de haricots verts, coupés en tronçons de 4 cm
8 abricots secs, en tranches fines
1 c. à c. de zeste de citron en fines lanières

VINAIGRETTE
200 g de tofu ferme
2 c. à s. de tahini (crème de sésame)
2 c. à c. de sucre
2 c. à c. de sauce soja japonaise
1 c. à s. de vinaigre de riz
1 c. à s. de mirin

1. Versez de l'eau bouillante sur les champignons et laissez-les tremper 20 minutes. Égouttez-les. Jetez les pieds, émincez les chapeaux.

2. Faites cuire séparément le daikon, la carotte et les haricots verts à l'eau, à la vapeur ou au micro-ondes jusqu'à ce qu'ils soient juste tendres. Égouttez-les. Rincez-les sous l'eau froide pour les refroidir. Égouttez-les de nouveau. Mélangez les abricots et les légumes dans un bol.

3. Pressez le tofu entre 2 planches en bois sous un poids en l'inclinant d'un côté. Laissez reposer 25 minutes. Mixez le tofu jusqu'à l'obtention d'une pâte lisse ; mettez-le dans un petit bol. Ajoutez le tahini, puis le reste des ingrédients. Remuez jusqu'à ce que le sucre soit dissous.

4. Juste avant de servir, versez la vinaigrette sur la salade et mélangez. Répartissez la salade dans les bols de service, formez des monticules. Garnissez de lanières de zeste de citron.

ASTUCE
La salade et la vinaigrette peuvent être préparées à l'avance et conservées séparément au réfrigérateur. Mélangez-les juste avant de servir.

4 PERS.

Préparation + cuisson **20 minutes (+ repos)**

Salade de crevettes, concombre et algue wakame

INGRÉDIENTS

1 petit concombre (130 g)
½ c. à c. de sel
4 crevettes cuites (100 g)
10 g d'algue wakame, séchée
2 cm de gingembre frais (20 g), émincé

VINAIGRETTE
60 ml de vinaigre de riz
1 ½ c. à s. de premier bouillon dashi (voir page 14)
1 ½ c. à s. de sauce soja japonaise
3 c. à c. de sucre
1 ½ c. à s. de mirin

1. Coupez le concombre dans le sens de la longueur, ôtez les graines à l'aide d'une cuillère. Détaillez-le en tranches fines. Mettez le concombre dans un petit bol, saupoudrez-le de sel. Laissez reposer 15 minutes. Transférez-le dans une passoire ou un tamis, rincez-le sous l'eau froide. Égouttez-le. Séchez-le bien avec du papier absorbant.

2. Préparez la vinaigrette. Mélangez les ingrédients dans une petite casserole. Portez à ébullition. Baissez le feu et laissez mijoter en remuant jusqu'à ce que le sucre soit dissous. Ôtez du feu et laissez refroidir.

3. Décortiquez les crevettes et retirez le filament noir. Coupez-les dans le sens de la longueur. Mettez-les dans un bol avec 1 cuillerée à soupe de vinaigrette. Laissez reposer 10 minutes. Ajoutez le concombre.

4. Mettez l'algue dans un petit bol. Recouvrez-la d'eau froide et laissez ramollir 5 minutes. Égouttez-la. Ajoutez l'algue dans le bol au mélange concombre-crevettes avec le gingembre et le reste de vinaigrette. Remuez puis servez.

ASTUCE
Vous pouvez remplacer les crevettes par du crabe cuit émietté.

4 PERS.

Préparation + cuisson **45 minutes**

Salade fraîcheur aux crevettes frites

INGRÉDIENTS

10 g de gingembre frais, haché
60 ml de sauce soja
60 ml de mirin
2 c. à s. de sucre roux
3 miniconcombres
1 c. à s. de gingembre confit au vinaigre
1 petit oignon rouge coupé en deux et émincé
100 g de mizuna
1 œuf battu
75 g de fécule de maïs
75 g de farine
180 ml d'eau pétillante très fraîche
32 grosses crevettes crues
Huile végétale pour friture

1. Écrasez le gingembre au presse-ail et mettez-le dans un shaker pour sauce à salade. Ajoutez la sauce soja, le mirin et le sucre. Fermez et secouez pour obtenir une sauce homogène.

2. Émincez les concombres en fins rubans. Coupez le gingembre confit en fines lamelles. Mettez le tout dans un saladier avec l'oignon et le mizuna. Mélangez.

3. Battez rapidement l'œuf, la fécule de maïs, la farine et l'eau pétillante dans un récipient pour former une pâte grumeleuse. Laissez reposer 5 minutes.

4. Décortiquez les crevettes en gardant la queue intacte et retirez le filament noir. Faites chauffer l'huile dans un wok ou une grande poêle. Plongez les crevettes une à une dans la pâte avant de les faire frire dans le wok. Égouttez-les sur du papier absorbant.

5. Versez la moitié de l'assaisonnement sur la salade et mélangez délicatement. Répartissez la salade dans les bols de service, garnissez de crevettes frites et arrosez le tout avec le reste de sauce.

4 PERS.

Préparation + cuisson **40 minutes**

Marmite de la mer

INGRÉDIENTS

12 moules (300 g)
12 crevettes crues (540 g)
12 noix de saint-jacques (300 g) sans le corail
400 g de filets de poisson blanc à chair ferme, coupés en cubes
80 ml de sauce soja japonaise
80 ml de saké
2 c. à c. de mirin
1 c. à s. d'huile végétale
2 gousses d'ail écrasées
5 cm de gingembre frais (25 g) finement haché
750 ml de bouillon de poisson
250 ml d'eau
1 c. à c. de dashi en granulés
1 petite patate douce (250 g)
250 g d'épinards hachés
2 ciboules hachées
270 g de nouilles udon sèches

1. Nettoyez les moules. Retirez la carapace et le filament noir des crevettes en conservant la queue. Mettez les moules, les crevettes, les noix de saint-jacques, le poisson, 1 cuillerée à soupe de sauce soja, 1 cuillerée à soupe de saké et le mirin dans un saladier.

2. Faites chauffer l'huile dans une grande casserole. Faites revenir l'ail et le gingembre en remuant. Ajoutez le bouillon, l'eau, le dashi et le reste de sauce soja et de saké. Portez à ébullition. Coupez la patate douce en deux dans la longueur, puis en fines tranches. Ajoutez-les dans la casserole et faites cuire 2 minutes sans couvrir.

3. Ajoutez les fruits de mer avec la marinade et couvrez. Faites cuire 5 minutes jusqu'à ce que les moules soient ouvertes (jetez celles qui restent fermées). Ajoutez les épinards et les ciboules. Faites cuire, sans couvrir, pour faire fondre les épinards.

4. Faites cuire les nouilles dans de l'eau bouillante. Égouttez-les. Répartissez les nouilles dans des bols et ajoutez le poisson et les fruits de mer.

552 KCAL PAR PORTION / LIPIDES **7,8 G** dont 1,3 g de graisses saturées
GLUCIDES **57,3 G** / PROTÉINES **56,8 G** / FIBRES **4,5 G**

4 PERS.

Préparation + cuisson **25 minutes**

Fruits de mer sautés et nouilles udon

INGRÉDIENTS

10 crevettes crues (450 g)
400 g de nouilles udon sèches
2 c. à s. d'huile de tournesol
4 blancs de calamar parés (300 g), coupés en anneaux
100 g de champignons shiitake émincés
4 ciboules hachées
1 c. à s. d'algue nori séchée (ao-nori), en lanières
200 g de germes de soja
5 c. à s. de copeaux de bonite
80 ml de sauce soja japonaise

1. Retirez la carapace et le filament noir des crevettes.
2. Faites cuire les nouilles dans de l'eau bouillante. Égouttez-les. Rincez-les sous l'eau froide puis égouttez-les de nouveau.
3. Faites chauffer l'huile dans un wok. Faites sauter les calamars et les crevettes 2 minutes. Ajoutez les champignons, les ciboules, le nori et la moitié des germes de soja. Faites sauter 2 minutes. Ajoutez les nouilles et le reste des ingrédients dans le wok. Faites sauter jusqu'à ce que le plat soit chaud.
4. Au moment de servir, ajoutez le reste de germes de soja sur le dessus.

558 KCAL PAR PORTION / LIPIDES **11,7 G** dont 1,5 g de graisses saturées
GLUCIDES **70,1 G** / PROTÉINES **38,9 G** / FIBRES **5,7 G**

4 PERS.

Préparation + cuisson **20 minutes (+ trempage)**

Papillotes de vivaneau et wakame

INGRÉDIENTS

2 c. à s. de wakame séché
4 filets de vivaneau (700 g)
2 c. à s. de saké
2 ciboules émincées
20 g de beurre

SAUCE AU GINGEMBRE ET AU CITRON
2 cm de gingembre frais (10 g), râpé
1 c. à s. de jus de citron
2 c. à c. de sauce soja japonaise
¼ de c. à c. d'huile de sésame

1. Faites tremper le wakame dans un bol d'eau froide 5 minutes puis égouttez-le.
2. Posez chaque filet de poisson sur un carré de papier sulfurisé ou d'aluminium huilé, suffisamment grand pour former une papillote. Répartissez le saké, le wakame, les ciboules et le beurre sur chaque filet. Repliez le papier sur le poisson pour l'enfermer et former une papillote.
3. Mettez les papillotes dans un grand panier en bambou. Couvrez et faites cuire 10 minutes à la vapeur sur une casserole d'eau bouillante.
4. Préparez la sauce au gingembre et au citron en mélangeant tous les ingrédients dans un bol. Servez le poisson avec la sauce.

221 KCAL PAR PORTION / LIPIDES **7,2 G** dont 3,8 g de graisses saturées
GLUCIDES **0,6 G** / PROTÉINES **36 G** / FIBRES **0,5 G**

4 PERS.

Préparation + cuisson **20 minutes**

Saumon laqué

INGRÉDIENTS

1 c. à s. d'huile végétale
1 c. à s. d'huile de sésame
4 filets de saumon (700 g)
40 g de beurre
60 ml de saké
1 ½ c. à s. de sauce soja japonaise
1 c. à s. de mirin
2 c. à c. de sucre extrafin
5 mm de gingembre frais (2 g), râpé

1. Faites chauffer les deux huiles dans une grande poêle. Faites cuire le saumon côté peau 3 minutes jusqu'à ce que la peau soit dorée. Retournez-le et faites cuire l'autre côté 2 à 3 minutes. Retirez le saumon de la poêle et couvrez pour réserver au chaud.

2. Jetez l'huile de la poêle. Ajoutez le beurre, le saké, la sauce soja, le mirin, le sucre et le gingembre. Remuez pour faire fondre le sucre. Portez à ébullition et faites réduire 2 minutes jusqu'à ce que la sauce épaississe légèrement.

3. Servez le saumon nappé de sauce. Accompagnez de riz nature et de salade verte.

ASTUCE
Vérifiez qu'il ne reste pas d'arêtes dans les filets de saumon et retirez-les avec une pince le cas échéant.

397 KCAL PAR PORTION / LIPIDES **26,4 G** dont 8,9 g de graisses saturées
GLUCIDES **2,6 G** / PROTÉINES **34,7 G** / FIBRES **0 G**

4 PERS.

Préparation + cuisson **30 minutes (+ marinade)**

Vivaneau « tatsuta age »

INGRÉDIENTS

2 filets de vivaneau (500 g)
2 c. à s. de saké
2 c. à s. de sauce soja japonaise
1 c. à s. de mirin
2 cm de gingembre frais (10 g), râpé
75 g de fécule de pomme de terre
Huile de friture
1 ciboule ciselée
2 citrons (280 g) coupés en quartiers

1. Retirez les éventuelles arêtes des filets de poisson. Coupez les filets en morceaux de 4 cm. Mélangez le poisson, le saké, la sauce soja, le mirin et le gingembre dans un saladier. Laissez mariner 20 minutes.

2. Égouttez le poisson. Farinez-le avec la fécule de pomme de terre, secouez pour retirer l'excédent.

3. Faites chauffer l'huile dans une casserole. Faites frire les morceaux de poisson jusqu'à ce qu'ils soient croustillants et dorés. Parsemez de ciboule. Servez avec les quartiers de citron.

ASTUCE

Servez le vivaneau avec une sauce d'accompagnement pour tempura (voir page 280).

288 KCAL PAR PORTION / LIPIDES **11,5 G** dont 1,9 g de graisses saturées
GLUCIDES **15,2 G** / PROTÉINES **26,2 G** / FIBRES **2,1 G**

4 PERS.

Préparation + cuisson **40 minutes**

Tempura de fruits de mer

INGRÉDIENTS

12 crevettes crues (540 g)
2 blancs de calamar parés (150 g)
8 champignons shiitake frais
2 feuilles de nori grillées (yaki-nori)
20 g de nouilles de somen sèches, coupées en deux
Huile de friture
12 noix de saint-jacques (300 g) sans le corail
300 g de filets de poisson blanc, coupés en cubes
1 petit poivron rouge (150 g), coupé en carrés
Farine
1 citron (140 g) coupé en quartiers
Sauce pour tempura (voir page 280)

PÂTE À TEMPURA

1 œuf légèrement battu
500 ml d'eau gazeuse glacée
150 g de farine
150 g de fécule de maïs

1. Retirez la carapace et le filament noir des crevettes, en gardant la queue. Faites 3 petites entailles sous chaque crevette à mi-épaisseur pour les empêcher de se recourber à la cuisson. Coupez les calamars en deux et étalez-les sur une planche à découper. Quadrillez l'intérieur puis coupez les calamars en carrés.

2. Retirez les pieds des champignons et entaillez les chapeaux en croix. Coupez une feuille de nori en carrés de 5 cm, et l'autre feuille en deux puis en lanières de 2 cm. Badigeonnez ces lanières d'eau. Faites des petits fagots de nouilles et attachez-les avec les lanières de nori.

3. Préparez la pâte à tempura. Mélangez l'œuf et l'eau gazeuse. Ajoutez la farine et la fécule de maïs tamisées. Remuez légèrement : la pâte doit rester grumeleuse. Faites chauffer l'huile dans une grande casserole. Farinez le poisson, les fruits de mer et les légumes. Plongez les carrés d'algue et les autres ingrédients dans la pâte à tempura. Égouttez. Faites frire les ingrédients par petites quantités. Égouttez-les sur du papier absorbant. Faites frire les fagots de nouilles. Servez les fruits de mer et les légumes avec les nouilles, les quartiers de citron et la sauce pour tempura.

737 KCAL PAR PORTION / LIPIDES **29,9 G** dont 4,2 g de graisses saturées
GLUCIDES **67,9 G** / PROTÉINES **45,9 G** / FIBRES **4,5 G**

4 PERS.

Préparation + cuisson **30 minutes (+ réfrigération)**

Thon grillé et salade de nouilles soba

INGRÉDIENTS

250 g de nouilles soba sèches
70 g de gingembre rose mariné (gari), coupé en fines tranches
4 ciboules émincées
4 pavés de thon (700 g)
1 feuille de nori grillée (yaki-nori), coupée en fines lanières

VINAIGRETTE AU MIRIN ET AU SOJA

60 ml de sauce soja claire
80 ml de mirin
2 c. à s. de saké
1 c. à s. de vinaigre de riz
1 c. à c. d'huile de sésame
1 c. à c. de pâte de wasabi

1. Faites cuire les nouilles dans de l'eau bouillante puis égouttez-les. Rincez-les puis égouttez-les de nouveau.

2. Préparez la vinaigrette au mirin et au soja. Mélangez tous les ingrédients dans un shaker pour sauce à salade.

3. Mettez les nouilles froides dans un grand saladier avec le gingembre, les ciboules et les ¾ de la vinaigrette. Mélangez délicatement. Couvrez et placez au réfrigérateur pour que le mélange soit bien froid.

4. Faites cuire le thon dans une poêle-gril chaude huilée (ou sous le gril du four ou au barbecue), en veillant à ne pas le faire cuire trop longtemps pour que le thon ne soit pas trop sec.

5. Répartissez les nouilles dans les assiettes de service et ajoutez le thon sur le dessus. Versez le reste de vinaigrette et parsemez de nori.

528 KCAL PAR PORTION / LIPIDES **11,9 G** dont 4,3 g de graisses saturées
GLUCIDES **45,1 G** / PROTÉINES **52,1 G** / FIBRES **2,8 G**

4 PERS.

Préparation + cuisson **30 minutes**

Salade de thon et de pommes de terre

INGRÉDIENTS

300 g de pois gourmands
6 pommes de terre rattes, coupées en grosses tranches
150 g de tomates cerises coupées en deux
2 ciboules émincées
40 g d'olives kalamata
4 c. à s. de feuilles de persil plat
1 c. à s. d'huile végétale
4 filets de thon (700 g)

VINAIGRETTE AU CITRON ET AU SOJA

60 ml d'huile d'olive
2 c. à s. de vinaigre de riz
1 ½ c. à s. de jus de citron
2 c. à c. de sauce soja japonaise
½ c. à c. d'huile de sésame
¼ de c. à c. de moutarde japonaise
1 gousse d'ail écrasée

1. Faites cuire les pois gourmands à l'eau, à la vapeur ou au micro-ondes puis égouttez-les. Rincez-les à l'eau froide et égouttez-les de nouveau. Coupez-les en deux, en diagonale.

2. Faites cuire les pommes de terre à l'eau, à la vapeur ou au micro-ondes. Égouttez-les. Rincez-les à l'eau froide et égouttez-les de nouveau. Coupez-les en deux dans la longueur.

3. Fouettez les ingrédients de la vinaigrette. Mélangez les pois gourmands et les pommes de terre dans un saladier avec les tomates, les ciboules, les olives, le persil et la vinaigrette.

4. Faites chauffer l'huile dans une poêle et faites cuire les filets de thon 2 minutes de chaque côté. Répartissez le thon et la salade dans les assiettes.

577 KCAL PAR PORTION / LIPIDES **30,8 G** dont 6,8 g de graisses saturées
GLUCIDES **21,5 G** / PROTÉINES **49,9 G** / FIBRES **5,5 G**

4 PERS.

Préparation + cuisson **20 minutes (+ marinade)**

Teriyaki de saumon

INGRÉDIENTS

4 filets de saumon (700 g), sans peau
120 g de daikon, en fines lanières

MARINADE TERIYAKI
160 ml de sauce soja japonaise
160 ml de mirin
2 c. à s. de saké
1 c. à s. de sucre

1. Mélangez les ingrédients de la marinade dans un petit bol ; remuez jusqu'à ce que le sucre soit dissous. Faites mariner le saumon 10 minutes, en le retournant de temps en temps. Égouttez-le au-dessus d'un bol et réservez la marinade.

2. Faites tremper le daikon 15 minutes dans de l'eau glacée. Égouttez.

3. Faites cuire le saumon dans une poêle-gril chaude huilée (ou au barbecue), en le badigeonnant de temps en temps de marinade jusqu'à ce qu'il soit cuit à votre convenance.

4. Faites bouillir la marinade dans une petite casserole. Baissez le feu et laissez mijoter 5 minutes jusqu'à ce qu'elle épaississe légèrement.

5. Servez le saumon avec le daikon, versez un peu de sauce dessus.

2 PERS.

Préparation + cuisson **25 minutes**

Saumon et nouilles soba au bouillon miso

INGRÉDIENTS

70 g de nouilles soba
1 c. à c. d'huile de sésame
¼ de c. à c. de pâte de miso blanc
500 ml d'eau
50 g de pois gourmands, émincés
100 g de pousses d'épinard
100 g de champignons enokis, parés
120 g de saumon très frais, coupé en fines lamelles en travers des fibres
1 c. à c. de graines de sésame grillées
1 ciboule émincée

1. Faites cuire les nouilles soba dans de l'eau frémissante 3 minutes puis égouttez-les. Rincez-les sous l'eau froide puis égouttez-les de nouveau. Mélangez-les avec l'huile de sésame dans un bol.
2. Faites chauffer à feu vif le miso et l'eau dans une petite casserole, en remuant, jusqu'à l'ébullition. Retirez du feu.
3. Répartissez les nouilles, les pois gourmands, les épinards, les champignons et le saumon dans 2 assiettes creuses et versez le bouillon chaud par-dessus. Parsemez de graines de sésame et de ciboule. Servez sans attendre.

ASTUCE

Vous pouvez saisir le saumon de chaque côté et le couper en tranches fines juste avant de l'ajouter à la soupe. Vous pouvez le remplacer par du thon ou de la truite saumonée.

328 KCAL PAR PORTION / LIPIDES **11,8 G** dont 2,5 g de graisses saturées
GLUCIDES **27,2 G** / PROTÉINES **25,5 G** / FIBRES **5,3 G**

4 PERS.

Préparation + cuisson **35 minutes (+ marinade)**

Saumon fumé au thé vert, broccolinis et riz au jasmin

INGRÉDIENTS

125 ml d'eau
125 ml de mirin
1 c. à s. de sucre roux
1 c. à s. de sel
4 filets de saumon de 200 g chacun, avec la peau
110 g de sucre
65 g de feuilles de thé vert
500 g de riz au jasmin
350 g de broccolinis coupés en bouquets
1 citron coupé en 8 quartiers

1. Mélangez l'eau, le mirin, le sucre roux et le sel dans un saladier. Remuez pour dissoudre le sucre. Ajoutez le poisson et enrobez-le de ce mélange. Couvrez et laissez mariner 1 heure au réfrigérateur.

2. Garnissez un grand wok de 3 épaisseurs de papier d'aluminium. Déposez dessus le sucre, les feuilles de thé et 200 g de riz au jasmin. Mélangez le tout.

3. Faites cuire le reste de riz dans de l'eau bouillante salée. Égouttez-le quand il est tendre mais encore un peu croquant et couvrez pour le maintenir au chaud.

4. Disposez le poisson en une seule couche dans un grand panier vapeur (jetez la marinade). Augmentez le feu au maximum sous le wok. Quand le thé commence à fumer, posez le panier vapeur dessus. Fermez le couvercle du panier vapeur et glissez 2 torchons humides sur les côtés, entre les bords du panier et les parois du wok, pour éviter que la vapeur ne s'échappe. Laissez cuire le poisson 10 minutes.

5. Faites cuire les broccolinis à la vapeur. Servez le poisson accompagné de riz, de broccolinis et de quartiers de citron.

4 PERS.

Préparation + cuisson **50 minutes**

Tartare de thon à l'asiatique

INGRÉDIENTS

200 g de haricots verts coupés en deux
600 g de thon frais
240 g de chou chinois émincé
4 ciboules émincées
2 c. à s. de coriandre fraîche
160 g de germes de soja

SAUCE AU GINGEMBRE
35 g de gingembre frais
80 ml de jus de citron vert
60 ml d'huile d'olive
1 c. à s. de sauce soja
2 c. à c. de racine de coriandre finement hachée
2 gousses d'ail pilées
2 c. à c. d'huile de sésame
2 c. à c. de sucre

1. Faites cuire les haricots verts à l'eau ou à la vapeur puis égouttez-les et rincez-les sous l'eau froide. Égouttez-les de nouveau. Ils doivent rester légèrement croquants.

2. Préparez la sauce au gingembre. Détaillez le gingembre en fines lanières puis mélangez-les avec les autres ingrédients dans un bol.

3. Coupez le thon en dés de 5 mm et mettez-les dans un saladier avec un tiers de la sauce au gingembre. Mélangez bien.

4. Mettez les haricots dans un grand saladier avec le chou, les ciboules, la coriandre et les germes de soja. Arrosez du reste de sauce et mélangez délicatement.

5. Répartissez le thon sur les assiettes de service et garnissez de salade au chou. Servez aussitôt.

4 PERS.

Préparation + cuisson **50 minutes**

Poisson pané aux graines de sésame

INGRÉDIENTS

4 filets de saint-pierre de 240 g chacun
75 g de graines de sésame
35 g de farine
Huile végétale pour friture

1 grosse patate douce coupée en tranches de 5 mm
1 citron vert coupé en quartiers

PÂTE À LA BIÈRE
310 ml de bière
150 g de farine
1 c. à c. de paprika doux

1. Préparez la pâte à la bière. Fouettez la bière, la farine et le paprika dans un récipient jusqu'à l'obtention d'une pâte lisse.

2. Coupez chaque filet de poisson en 3 morceaux. Mélangez les graines de sésame et la farine dans un plat creux et passez le poisson dans ce mélange.

3. Faites chauffer environ 60 ml d'huile dans une grande sauteuse et faites dorer le poisson de toutes parts. Quand il est cuit à votre convenance, maintenez-le au chaud dans un récipient couvert.

4. Versez de l'huile dans une sauteuse jusqu'à mi-hauteur et faites-la chauffer. Plongez les tranches de patate douce dans la pâte à la bière et faites-les frire jusqu'à ce qu'elles soient dorées et croustillantes. Servez le poisson avec les chips de patate douce et des quartiers de citron vert.

4 PERS.

Préparation + cuisson **3 heures**

Canard rôti aux pêches

INGRÉDIENTS

1 canard de 1,8 kg
2 c. à c. de gros sel
1 c. à c. d'huile de sésame
10 gousses d'ail
80 g de gingembre frais, coupé en tranches
3 morceaux de zeste de citron
800 g de pommes de terre rattes, coupées en deux dans la longueur
2 feuilles de laurier
60 ml de vinaigre de riz
2 c. à s. de sucre extrafin
2 c. à s. d'eau
3 pêches (450 g) coupées en quartiers

1. Préchauffez le four à 120 °C. Rincez le canard à l'eau froide et essuyez l'intérieur et l'extérieur avec du papier absorbant. Percez la peau avec une pique (sans percer la chair). Mettez le canard sur une grille posée dans un grand plat à rôtir. Frottez l'intérieur et l'extérieur avec le sel et l'huile de sésame. Mettez l'ail, le gingembre et 2 morceaux de zeste de citron à l'intérieur du canard. Faites rôtir 2 heures sans couvrir.

2. Retirez le plat du four. Augmentez la température à 200 °C. Mettez les pommes de terre et les feuilles de laurier dans un autre plat à four. Versez la graisse du canard sur les pommes de terre. Enfournez le canard et les pommes de terre pendant 45 minutes.

3. Retirez le canard du four. Couvrez avec du papier d'aluminium et laissez reposer 15 minutes. Faites cuire les pommes de terre 15 minutes de plus.

4. Coupez le dernier zeste de citron en fines lanières. Dans une poêle, faites chauffer le zeste, le vinaigre, le sucre et l'eau, sans faire bouillir, jusqu'à dissolution du sucre. Portez à ébullition. Baissez le feu et ajoutez les pêches. Faites cuire 5 minutes.

5. Découpez le canard en morceaux et servez-le avec les pommes de terre rôties et les pêches.

1 020 KCAL PAR PORTION / LIPIDES **68,4 G** dont 20,2 g de graisses saturées
GLUCIDES **41,8 G** / PROTÉINES **56,7 G** / FIBRES **6,7 G**

8 PERS.

Préparation + cuisson **15 minutes (+ réfrigération)**

Poulet grillé au miso

INGRÉDIENTS

8 hauts de cuisse de poulet
2 c. à s. de sauce soja claire
2 c. à s. de saké
2 c. à s. de mirin
2 c. à s. de miso blanc
2 ciboules hachées
1 cm de gingembre frais (5 g), râpé
1 gousse d'ail écrasée

1. Mettez le poulet et le reste des ingrédients mélangés dans un plat creux et frottez le poulet de cette marinade. Couvrez et placez 1 heure au réfrigérateur.

2. Égouttez le poulet et réservez la marinade. Faites cuire le poulet dans une poêle-gril chaude huilée (ou sous le gril du four ou au barbecue) 6 minutes de chaque côté, en le badigeonnant de marinade réservée, jusqu'à ce qu'il soit bien cuit.

3. Servez le poulet avec du riz nature et 1 pincée de mélange de 7-épices (shichimi togarashi), si vous le souhaitez.

228 KCAL PAR PORTION / LIPIDES **11,2 G** dont 3,4 g de graisses saturées
GLUCIDES **1,7 G** / PROTÉINES **28,9 G** / FIBRES **0,4 G**

6 PERS.

Préparation + cuisson **25 minutes (+ réfrigération)**

Cailles marinées au saké

INGRÉDIENTS

12 cailles (2 kg)
180 ml de saké
160 ml de vin blanc doux (muscat de Rivesalt, xérès)
110 g de sucre roux
80 ml de sauce soja claire
2 c. à s. de mirin
3 ciboules hachées
8 cm de gingembre frais (40 g), râpé
4 gousses d'ail écrasées
Huile de friture
1 c. à s. de fécule de maïs
125 ml de bouillon de poulet

1. Attachez les pattes des cailles avec de la ficelle de cuisine. Rentrez les ailes sous le corps. Portez une grande casserole d'eau à ébullition et plongez-y les cailles en plusieurs fois. Faites cuire 2 minutes puis égouttez.

2. Mélangez les cailles, le saké, le vin blanc doux, le sucre, la sauce soja, le mirin, les ciboules, le gingembre et l'ail dans un grand saladier. Couvrez et placez au moins 4 heures au réfrigérateur, en retournant les cailles de temps en temps.

3. Égouttez les cailles et réservez la marinade. Faites chauffer l'huile dans une grande casserole. Faites frire les cailles par petites quantités. Retirez-les de la casserole. Égouttez-les sur du papier absorbant. Réservez-les au chaud.

4. Portez la marinade réservée à ébullition dans une poêle. Baissez le feu et faites réduire d'un tiers. Mélangez la fécule de maïs et le bouillon. Incorporez-les dans la sauce et faites chauffer, en remuant, jusqu'à ce que la sauce épaississe.

5. Servez les cailles avec la sauce.

516 KCAL PAR PORTION / LIPIDES **27,7 G** dont 6 g de graisses saturées
GLUCIDES **23,4 G** / PROTÉINES **32,3 G** / FIBRES **0,4 G**

4 PERS.

Préparation + cuisson **35 minutes**

Brochettes de poulet et de légumes

INGRÉDIENTS

4 champignons shiitake frais
500 g de blancs de poulet coupés en morceaux
1 poivron rouge (200 g) coupé en gros morceaux
6 ciboules coupées en gros morceaux
¼ de c. à c. de sansho (poivre japonais)

SAUCE

125 ml de sauce soja japonaise
125 ml de saké
60 ml de mirin
2 c. à s. de sucre

1. Préparez la sauce. Mélangez les ingrédients dans une petite casserole et portez à ébullition. Baissez le feu et laissez mijoter, sans couvrir, à feu moyen, jusqu'à ce que la sauce ait réduit d'un tiers. Laissez refroidir.

2. Retirez les pieds des champignons et coupez les chapeaux en deux. Glissez le poulet et les légumes sur 8 brochettes en bambou, en laissant de l'espace entre les morceaux pour permettre une cuisson uniforme.

3. Faites cuire les brochettes par petites quantités dans une poêle-gril chaude huilée (ou sous le gril du four ou au barbecue), en les retournant et en les badigeonnant avec la sauce de temps en temps. Avant de servir, parsemez-les de sansho.

ASTUCE

Faites tremper les 8 brochettes en bambou dans de l'eau froide au moins 1 heure avant la cuisson pour éviter qu'elles ne brûlent ou ne se fendent.

265 KCAL PAR PORTION / LIPIDES **9,1 G** dont 2,8 g de graisses saturées
GLUCIDES **11,9 G** / PROTÉINES **26,3 G** / FIBRES **0,9 G**

24 PIÈCES

Préparation + cuisson **30 minutes (+ marinade)**

Poulet yakitori

INGRÉDIENTS

500 g de blancs de poulet coupés en lanières
125 ml de mirin
60 ml de kecap manis
1 c. à s. de sauce soja japonaise
1 c. à c. de graines de sésame blanc grillées
1 ciboule ciselée

1. Piquez les lanières de poulet sur des brochettes. Posez-les côte à côte dans un grand plat creux.
2. Mélangez le mirin, le kecap manis et la sauce soja dans un bol. Versez la moitié de cette marinade sur les brochettes et réservez le reste. Couvrez les brochettes et faites mariner au moins 3 heures au réfrigérateur.
3. Faites réduire de moitié la marinade réservée dans une petite casserole à feu doux.
4. Faites cuire les brochettes égouttées sur une plaque de barbecue huilée (ou sur un gril en fonte, ou sous le gril du four).
5. Versez la marinade chaude sur les brochettes, parsemez de graines de sésame et de ciboule. Servez.

ASTUCE

Vous aurez besoin de 24 brochettes en bambou. Faites-les tremper dans l'eau froide pendant au moins 1 heure avant la cuisson pour éviter qu'elles ne brûlent.

29 KCAL PAR BROCHETTE / LIPIDES **0,6 G** dont 0,1 g de graisses saturées
GLUCIDES **0,3 G** / PROTÉINES **4,9 G** / FIBRES **0 G**

2 PERS.

Préparation + cuisson **15 minutes**

Poulet caramélisé et vermicelles de soja

INGRÉDIENTS

250 g de cuisses de poulet désossées, coupées en grosses lamelles
½ c. à c. de cinq-épices chinois
2 c. à c. de cassonade
1 c. à s. de sauce aux piments douce
2 c. à c. de sauce soja
2 c. à c. d'huile d'olive
60 g de vermicelles de soja
300 g de gai lan (brocoli chinois) paré, coupé en morceaux de 5 cm
2 c. à s. d'eau
2 ciboules émincées
2 c. à s. de feuilles de coriandre fraîche
1 c. à c. de graines de sésame grillées

1. Mélangez le poulet avec les épices, la cassonade et la moitié des sauces dans un saladier. Faites chauffer l'huile d'olive dans un wok à feu vif et faites revenir le poulet, en plusieurs fois, jusqu'à ce qu'il soit doré et caramélisé. Réservez. Essuyez le wok.

2. Mettez les vermicelles dans un saladier, couvrez-les d'eau bouillante et laissez reposer 5 minutes. Égouttez-les.

3. Mettez le gai lan dans le wok, ajoutez l'eau et faites-le sauter 1 minute pour qu'il soit tendre. Ajoutez le reste des sauces et poursuivez la cuisson 1 minute. Ajoutez les vermicelles et mélangez bien.

4. Avant de servir, garnissez les vermicelles de poulet, de ciboules, de coriandre et de graines de sésame.

ASTUCE

Remplacez les vermicelles de soja par des nouilles de riz. Vous pouvez faire mariner le poulet la veille et le conserver, à couvert, au réfrigérateur.

372 KCAL PAR PORTION / LIPIDES **14,8 G** dont 3,6 g de graisses saturées
GLUCIDES **29 G** / PROTÉINES **28,2 G** / FIBRES **5,3 G**

4 PERS.

Préparation + cuisson **1 heure**

Burger de poulet teriyaki aux galettes de riz

INGRÉDIENTS

300 g de riz japonais
2 c. à c. de graines de sésame blanc
Huile en spray
2 c. à c. d'huile végétale
4 blancs de poulet (600 g) avec la peau
60 ml de sauce soja japonaise
2 c. à s. de mirin
2 c. à s. de saké
1 ½ c. à s. de sucre extrafin
1 miniconcombre (130 g) coupé en rubans
20 g de mizuna ou de roquette
2 c. à s. de mayonnaise

1. Préchauffez le four à 200 °C.

2. Faites cuire le riz dans de l'eau bouillante. Égouttez-le. Étalez le riz chaud dans un plat huilé de 40 × 25 cm. Égalisez la surface avec des mains humides. Parsemez les graines de sésame blanc. Pressez bien pour les faire adhérer au riz. Laissez refroidir à température ambiante.

3. Découpez des disques dans le riz avec un emporte-pièce de 9 cm de diamètre. Posez-les sur une plaque de cuisson recouverte de papier sulfurisé. Vaporisez d'huile. Faites cuire 15 minutes au four. Retournez les galettes et faites cuire 15 minutes de plus. Réservez au chaud.

4. Faites chauffer l'huile dans une grande poêle. Faites cuire le poulet côté peau. Retournez-le et faites cuire l'autre côté. Retirez-le de la poêle.

5. Portez la sauce soja, le mirin, le saké et le sucre à ébullition dans la même poêle. Baissez le feu et faites mijoter jusqu'à épaississement. Remettez le poulet dans la poêle et tournez-le pour le recouvrir de sauce.

6. Superposez le poulet, le concombre, la roquette et la mayonnaise entre 2 galettes de riz.

357 KCAL PAR PORTION / LIPIDES **17,2 G** dont 4 g de graisses saturées
GLUCIDES **17,5 G** / PROTÉINES **30,1 G** / FIBRES **0,8 G**

4 PERS.

Préparation + cuisson **1 heure**

Poulet au wasabi et salade de daikon

INGRÉDIENTS

8 pilons de poulet (1,2 kg)
2 c. à s. de pâte de wasabi
1 c. à s. de sauce soja japonaise
1 c. à s. d'huile de sésame

SALADE DE DAIKON
2 carottes (240 g)
1 petit daikon (400 g)
6 ciboules émincées
2 c. à s. de graines de sésame blanc grillées
1 c. à s. de mirin
1 c. à s. de jus de citron vert
2 c. à c. d'huile de sésame
2 c. à c. de sauce soja japonaise

1. Mélangez le poulet, le wasabi, la sauce soja et l'huile de sésame dans un saladier.
2. Faites cuire le poulet 40 minutes dans une poêle-gril chaude huilée (ou sous le gril du four ou au barbecue), en le retournant et en le badigeonnant de marinade régulièrement, jusqu'à ce qu'il soit bien cuit.
3. Préparez la salade de daikon. À l'aide d'un épluche-légumes, coupez les carottes et le daikon en rubans. Mettez-les dans un saladier avec le reste des ingrédients. Mélangez délicatement.
4. Servez le poulet avec la salade de daikon.

466 KCAL PAR PORTION / LIPIDES **31,3 G** dont 7,7 g de graisses saturées
GLUCIDES **7,2 G** / PROTÉINES **36,5 G** / FIBRES **4,1 G**

4 PERS.

Préparation + cuisson **30 minutes (+ réfrigération)**

Magrets de canard, salade à l'orange et au daikon

INGRÉDIENTS

3 oranges (720 g)
300 g de daikon
1 ½ c. à s. d'huile végétale
1 c. à c. d'huile de sésame
1 c. à s. de saké
4 magrets de canard (800 g), peau incisée
1 c. à c. de sel
80 g de mizuna ou de roquette

SAUCE PONZU

5 cm d'algue kombu coupée en lanières
1 c. à s. de sauce soja japonaise
1 c. à s. de saké
1 c. à c. de vinaigre de riz
1 c. à c. de mirin
1 c. à c. de copeaux de bonite

1. La veille, mélangez les ingrédients de la sauce ponzu dans un petit récipient non métallique et placez au réfrigérateur.
2. Coupez les oranges en segments à vif au-dessus d'un saladier. Réservez 1 cuillerée à soupe de jus d'orange. À l'aide d'un épluche-légumes, découpez le daikon en rubans.
3. Versez la sauce ponzu dans un bol à travers une passoire. Ajoutez les huiles, le saké et le jus d'orange réservé.
4. Frottez la peau du canard avec le sel. Faites chauffer une poêle huilée et faites cuire le canard, côté peau, jusqu'à ce que celle-ci soit bien dorée. Retirez les magrets de la poêle. Jetez la graisse. Remettez les magrets dans la même poêle et faites-les cuire à votre convenance. Retirez les magrets de la poêle et laissez reposer 5 minutes à couvert. Coupez les magrets en fines tranches.
5. Mettez les segments d'orange égouttés dans un saladier avec le daikon et la roquette. Mélangez. Servez les magrets de canard avec la salade. Arrosez de sauce.

769 KCAL PAR PORTION / LIPIDES **60,4 G** dont 16,6 g de graisses saturées
GLUCIDES **12,4 G** / PROTÉINES **41,6 G** / FIBRES **3,9 G**

2 PERS.

Préparation + cuisson **15 minutes**

Salade de poulet aux nouilles soba

INGRÉDIENTS

100 g de nouilles soba
240 g de blancs de poulet (sans la peau) cuits et effilochés
6 feuilles de laitue iceberg déchirées
1 miniconcombre (130 g) coupé en fines rondelles
½ petit oignon rouge (50 g), émincé
1 grosse mandarine (250 g) détaillée en segments
1 petit avocat (200 g) coupé en lamelles
2 c. à c. de graines de sésame grillées

VINAIGRETTE

2 c. à s. de vinaigre de riz
1 c. à s. de jus de mandarine frais
2 c. à c. de sauce soja
1 c. à c. de gingembre frais, râpé
½ c. à c. d'huile de sésame

1. Préparez la vinaigrette. Mélangez tous les ingrédients dans un bol.
2. Faites cuire les nouilles dans une grande quantité d'eau bouillante. Égouttez-les. Rincez-les sous l'eau froide puis égouttez-les de nouveau.
3. Mélangez tous les ingrédients dans un saladier. Arrosez de vinaigrette.

ASTUCE

Vous pouvez utiliser du poulet au barbecue, un reste de poulet rôti, ou simplement faire cuire 2 petits blancs de poulet à l'eau ou au four.

599 KCAL PAR PORTION / LIPIDES **24,2 G** dont 5,3 g de graisses saturées
GLUCIDES **40,5 G** / PROTÉINES **47,1 G** / FIBRES **12,3 G**

4 PERS.

Préparation + cuisson **45 minutes**

Côtes de veau, légumes et mayonnaise au soja

INGRÉDIENTS

60 ml d'huile végétale
1 c. à c. d'huile de sésame
1 poireau (350 g) coupé en dés
2 cm de gingembre frais (10 g), râpé
2 gousses d'ail écrasées
3 mini-aubergines (180 g) coupées en dés
2 courgettes (240 g) coupées en dés
1 poivron rouge (200 g) coupé en dés
100 g de champignons shiitake frais, coupés en dés
60 ml de mirin
185 ml de coulis de tomate
60 ml de vinaigre de riz
1 pincée de sucre
60 ml d'eau
½ feuille de nori grillée (yaki-nori), coupée en fines lanières
4 côtes de veau (500 g)

MAYONNAISE AU SOJA

2 c. à c. de miso blanc
½ c. à c. de sauce soja japonaise
1 gousse d'ail écrasée
125 g de mayonnaise

1. Mélangez les huiles dans un bol. Faites-en chauffer 2 cuillerées à soupe dans une grande poêle à bord haut. Faites revenir le poireau, en remuant. Ajoutez et faites revenir le gingembre et l'ail, en remuant. Ajoutez le reste des légumes et faites revenir le tout. Versez le mirin et faites cuire 1 minute. Incorporez le coulis de tomate, le vinaigre, le sucre et l'eau. Portez à ébullition puis baissez le feu. Couvrez et faites mijoter 20 minutes jusqu'à ce que les légumes soient tendres. Incorporez le nori.

2. Faites chauffer le reste d'huile dans une grande poêle et faites cuire les côtes de veau.

3. Préparez la mayonnaise au soja. Fouettez le miso, la sauce soja et l'ail dans un bol jusqu'à ce que le mélange soit lisse. Incorporez-le à la mayonnaise, en fouettant.

4. Servez les côtes de veau avec les légumes et la mayonnaise.

490 KCAL PAR PORTION / LIPIDES **29,3 G** dont 4,6 g de graisses saturées
GLUCIDES **15,9 G** / PROTÉINES **35,7 G** / FIBRES **6,3 G**

4 PERS.

Préparation + cuisson **45 minutes (+ réfrigération et trempage)**

Entrecôte au sésame

INGRÉDIENTS

2 c. à s. de graines de sésame blanc grillées
2 c. à s. de sauce soja japonaise
1 c. à s. de saké
1 c. à c. de sucre extrafin
2,5 cm de gingembre frais (15 g), râpé
1 gousse d'ail écrasée
4 entrecôtes (800 g)
3 ciboules coupées en fines lanières
1 c. à s. d'huile d'olive

SAUCE PIMENTÉE

60 ml de sauce soja japonaise
1 c. à c. de dashi en granulés
¼ de c. à c. de mélange de 7-épices (shichimi togarashi)
2 cm de gingembre frais (10 g), râpé

1. Mixez grossièrement les graines de sésame. Mélangez le sésame mixé, la sauce soja, le saké, le sucre, le gingembre et l'ail dans un plat creux avec les entrecôtes. Couvrez et placez 30 minutes au réfrigérateur.
2. Mélangez tous les ingrédients de la sauce pimentée.
3. Mettez les ciboules dans un bol. Couvrez-les d'eau glacée et laissez tremper 10 minutes jusqu'à ce qu'elles forment des boucles. Égouttez-les.
4. Faites chauffer l'huile d'olive dans une grande poêle. Faites cuire les entrecôtes à votre convenance. Retirez-les de la poêle et laissez-les reposer 5 minutes, à couvert, pour les garder au chaud. Coupez-les en tranches épaisses.
5. Disposez les tranches d'entrecôte sur un plat et arrosez de sauce pimentée. Parsemez de ciboules. Servez avec du riz nature, si vous le souhaitez.

349 KCAL PAR PORTION / LIPIDES **17,3 G** dont 5,2 g de graisses saturées
GLUCIDES **2 G** / PROTÉINES **44,6 G** / FIBRES **0,7 G**

4 PERS.

Préparation + cuisson **20 minutes (+ trempage)**

Bœuf grillé

INGRÉDIENTS

½ petit daikon (200 g) coupé en fines lanières
400 g de filet de bœuf
1 miniconcombre (130 g)

SAUCE PONZU
60 ml de jus de citron
60 ml de sauce soja japonaise
60 ml de premier bouillon dashi (voir page 14)
2 ciboules émincées

1. Faites tremper le daikon 15 minutes dans de l'eau froide, puis égouttez-le.
2. Préparez la sauce ponzu. Mélangez le jus de citron, la sauce soja, le bouillon dashi dans un bol. Ajoutez les ciboules.
3. Faites cuire le bœuf dans une poêle-gril chaude huilée (ou sous le gril du four ou au barbecue) jusqu'à ce qu'il soit doré de chaque côté. Il doit rester cru au centre. Laissez-le refroidir ou plongez-le dans de l'eau froide pour arrêter la cuisson. Égouttez-le et essuyez-le avec du papier absorbant.
4. Coupez le concombre en deux dans la longueur, retirez les graines à l'aide d'une cuillère, puis coupez-le en fins bâtonnets. Coupez le bœuf en fines tranches et disposez-les sur une assiette avec des petits tas de daikon et de concombre. Servez, accompagné de sauce ponzu.

ASTUCE
Vous pouvez remplacer le filet de bœuf par de l'entrecôte ou du rumsteck. Servez, accompagné de coupelles individuelles d'ail finement haché, de gingembre frais râpé, de quartiers de citron et de sauce soja japonaise.

152 KCAL PAR PORTION / LIPIDES **5 G** dont 2,1 g de graisses saturées
GLUCIDES **2,7 G** / PROTÉINES **22,5 G** / FIBRES **1,1 G**

4 PERS.

Préparation + cuisson **30 minutes (+ réfrigération)**

Bœuf teriyaki aux asperges

INGRÉDIENTS

600 g de steaks d'aloyau
80 ml de sauce teriyaki
2,5 cm de gingembre frais (15 g), râpé
1 gousse d'ail écrasée
500 g d'asperges vertes
8 grosses ciboules
1 c. à c. de pâte de wasabi
60 ml de sauce soja japonaise

1. Mélangez les steaks, la sauce teriyaki, le gingembre et l'ail dans un saladier. Couvrez et placez au moins 3 heures au réfrigérateur.

2. Retirez les steaks de la marinade en les égouttant. Faites-les cuire dans une poêle-gril chaude huilée (ou sous le gril du four ou au barbecue) jusqu'à ce qu'ils soient cuits à votre convenance. Mettez les steaks sur une assiette chaude. Couvrez et laissez reposer 5 minutes.

3. Faites cuire les asperges et les ciboules dans une poêle-gril chaude huilée (ou sous le gril du four ou au barbecue).

4. Coupez les steaks en fines tranches. Posez les tranches sur un plat de service chaud avec les asperges, les ciboules, le wasabi et la sauce soja. Servez avec du riz nature, si vous le souhaitez.

263 KCAL PAR PORTION / LIPIDES **11,6 G** dont 4,4 g de graisses saturées
GLUCIDES **4,7 G** / PROTÉINES **34 G** / FIBRES **1,7 G**

4 PERS.

Préparation + cuisson **25 minutes**

Bœuf teriyaki au gingembre

INGRÉDIENTS

80 ml de sauce teriyaki
125 ml de sauce hoisin
2 c. à s. de mirin
1 c. à s. d'huile d'arachide
750 g de bœuf coupé en lanières
250 g de brocoli coupé en fleurettes
250 g de pois gourmands
110 g de mini-épis de maïs coupés en deux dans la longueur
4 cm de gingembre frais (20 g), râpé
120 g de germes de soja

1. Mélangez les sauces et le mirin dans un bol.
2. Faites chauffer la moitié de l'huile dans un wok. Faites dorer le bœuf par petites quantités. Retirez-le du wok.
3. Faites chauffer le reste d'huile dans le wok et faites sauter le brocoli jusqu'à ce qu'il soit tendre.
4. Remettez le bœuf dans le wok avec les sauces, les pois gourmands, le maïs et le gingembre. Faites sauter jusqu'à ce que les légumes et le bœuf soient cuits. Retirez du feu et parsemez de germes de soja.

466 KCAL PAR PORTION / LIPIDES **17,6 G** dont 5,1 g de graisses saturées
GLUCIDES **23,8 G** / PROTÉINES **47,6 G** / FIBRES **9 G**

2 PERS.

Préparation + cuisson **20 minutes**

Bœuf au cinq-épices et sauce au wasabi

INGRÉDIENTS

100 g de riz basmati complet
1 c. à c. de cinq-épices chinois
2 c. à c. d'huile d'olive
2 steaks de filet de bœuf de 125 g chacun
300 g de gain lan (brocoli chinois), paré et coupé en deux
2 c. à c. de sauce soja
2 quartiers de citron vert

SAUCE AU WASABI

140 g de yaourt nature allégé
½ c. à c. de pâte de wasabi
½ gousse d'ail pilée
3 c. à c. de jus de citron vert

1. Préparez la sauce au wasabi. Mélangez tous les ingrédients dans un bol.
2. Faites cuire le riz comme indiqué sur le paquet.
3. Mélangez le cinq-épices et l'huile d'olive, et enrobez les steaks de ce mélange. Faites-les cuire dans une poêle-gril chaude (ou au barbecue ou sous un gril) 3 minutes de chaque côté. Couvrez et laissez reposer 5 minutes.
4. Faites cuire les tiges de gai lan dans de l'eau bouillante pendant 3 minutes. Ajoutez les feuilles et poursuivez la cuisson 1 minute puis égouttez.
5. Servez les steaks avec le riz et le gai lan, arrosez le gai lan de sauce soja et accompagnez de quartiers de citron vert et de sauce au wasabi.

ASTUCE

Vous pouvez mettre plus ou moins de wasabi dans la sauce, selon votre goût.

401 KCAL PAR PORTION / LIPIDES **13,6 G** dont 3,8 g de graisses saturées
GLUCIDES **27,3 G** / PROTÉINES **39 G** / FIBRES **6 G**

2 PERS.

Préparation + cuisson **30 minutes**

Roulés de bœuf aux légumes

INGRÉDIENTS

2 carottes (240 g)
6 asperges coupées en deux dans la longueur
3 ciboules
12 tranches fines de bœuf (300 g)
2 c. à s. de fécule de maïs
1 c. à s. d'huile végétale
1 c. à s. de sucre
60 ml de mirin, ou de vin de riz doux
2 c. à s. de saké
60 ml de sauce soja japonaise

1. À l'aide d'un épluche-légumes, découpez les carottes en fines lanières, puis recoupez-les à la taille des tranches de bœuf. Recouvrez les asperges d'eau bouillante et laissez-les reposer 2 minutes. Égouttez-les, rincez-les à l'eau froide, puis égouttez-les de nouveau. Coupez les asperges et les ciboules à la taille des tranches de bœuf.

2. Étalez les tranches de bœuf et saupoudrez-les de 1 cuillerée à soupe de fécule de maïs. Disposez 2 morceaux de carotte et de ciboule et 1 morceau d'asperge du côté saupoudré de farine, puis roulez la tranche de viande. Attachez les roulés avec de la ficelle de cuisine ou des cure-dents. Saupoudrez-les du reste de fécule de maïs.

3. Faites chauffer l'huile dans une poêle et faites cuire les roulés. Sortez-les de la poêle et essuyez-la avec du papier absorbant. Remettez les roulés dans la poêle. Ajoutez le mélange de sucre, de mirin, de saké et de sauce soja ; portez à ébullition. Baissez le feu et faites mijoter jusqu'à ce que les roulés soient cuits à point.

4. Sortez les roulés de la poêle et laissez-les refroidir 2 minutes. Retirez la ficelle ou les cure-dents. Coupez les roulés en deux. Disposez-les sur une assiette de service et servez avec le reste de sauce.

4 PERS.

Préparation + cuisson **40 minutes (+ marinade)**

Barbecue à la japonaise (teppanyaki)

INGRÉDIENTS

4 grosses crevettes crues (280 g)
500 g de filet de bœuf coupé en fines tranches
350 g de blancs de poulet avec la peau, coupés en morceaux
60 ml de sauce soja japonaise
2 gousses d'ail écrasées
1 piment rouge thaï épépiné et finement haché
4 champignons shiitake frais
1 oignon (150 g) émincé
1 poivron rouge (200 g) épépiné et coupé en morceaux
4 ciboules hachées

SAUCE
125 ml de sauce soja japonaise
1 c. à s. de mirin
1 c. à s. de sucre roux
2 cm de gingembre frais (10 g), râpé
½ c. à c. d'huile de sésame

1. Retirez la carapace et le filament noir des crevettes, en conservant la queue. Mélangez les crevettes avec le bœuf, le poulet, la sauce soja, l'ail et le piment dans un saladier. Laissez mariner 15 minutes.

2. Préparez la sauce. Faites chauffer les ingrédients dans une casserole jusqu'à ce que le sucre soit dissous.

3. Retirez les pieds des champignons et incisez les chapeaux en croix. Faites cuire les ingrédients, sauf les ciboules, par petites quantités dans une poêle-gril chaude huilée (ou sous le gril du four ou au barbecue).

4. Servez avec les ciboules et présentez la sauce dans des coupelles individuelles.

ASTUCE
Vous pouvez remplacer le filet de bœuf par de l'entrecôte ou du rumsteck. Le teppanyaki se prépare traditionnellement sur une plaque chauffante placée à table ou à côté de la table ; il se déguste par petites quantités. Vous pouvez aussi utiliser un barbecue électrique ou une plancha.

378 KCAL PAR PORTION / LIPIDES **11,8 G** dont 4,2 g de graisses saturées
GLUCIDES **8,8 G** / PROTÉINES **56,5 G** / FIBRES **1,7 G**

4 PERS.

Préparation + cuisson **3 h 30 (+ repos)**

Porc caramélisé

INGRÉDIENTS

2 c. à c. d'huile végétale
1 kg de poitrine de porc désossée, coupée en morceaux
10 cm de gingembre frais (100 g), coupé en grosses tranches
500 ml de second bouillon dashi (voir page 15)
160 ml de saké
125 ml de sauce soja japonaise
75 g de sucre roux
60 ml de mirin

1. Faites chauffer l'huile dans une grande casserole. Faites dorer le porc 5 minutes par petites quantités. Rincez-le à l'eau chaude pour retirer l'excès d'huile. Jetez la graisse de la casserole.

2. Remettez le porc dans la même casserole avec le gingembre. Ajoutez de l'eau froide à hauteur. Portez à ébullition. Baissez le feu et faites cuire 2 heures, sans couvrir, en ajoutant un peu d'eau si nécessaire. Égouttez le porc et jetez le bouillon et le gingembre.

3. Faites chauffer le bouillon dashi, le saké, la sauce soja, le sucre et le mirin dans une casserole, sans faire bouillir, jusqu'à ce que le sucre soit dissous. Ajoutez le porc et portez à ébullition. Baissez le feu et laissez mijoter 1 heure, sans couvrir, en remuant de temps en temps. Lorsque le porc est tendre, retirez la casserole du feu et laissez reposer 20 minutes. Retirez les morceaux de porc de la casserole et couvrez pour garder au chaud.

4. Portez le liquide de cuisson à ébullition, baissez le feu et faites réduire la sauce 5 minutes, sans couvrir, jusqu'à épaississement. Remettez le porc dans la casserole et remuez pour le napper de sauce. Servez avec du riz nature.

513 KCAL PAR PORTION / LIPIDES **25,1 G** dont 9 g de graisses saturées
GLUCIDES **20,3 G** / PROTÉINES **43,5 G** / FIBRES **0 G**

4 PERS.

Préparation + cuisson **2 h 15**

Curry de porc

INGRÉDIENTS

25 g de beurre
1 c. à c. d'huile de sésame
1 c. à s. d'huile végétale
1 gros oignon (200 g) coupé en grosses tranches
750 g d'échine de porc coupée en morceaux
2 gousses d'ail écrasées
1 ½ c. à s. de curry japonais en poudre
375 ml de second bouillon dashi (voir page 15)
60 ml de miso blanc
2 c. à s. de mirin
1 c. à s. de sauce soja japonaise
625 ml d'eau
2 grosses pommes de terre (600 g) coupées en morceaux
2 carottes (240 g) coupées en morceaux
100 g de haricots verts coupés en morceaux

1. Faites chauffer le beurre, l'huile de sésame et la moitié de l'huile végétale dans une grande casserole. Faites fondre l'oignon en remuant. Retirez-le de la casserole.

2. Faites chauffer le reste d'huile dans la même casserole. Faites dorer le porc par petites quantités. Retirez-le de la casserole. Réservez avec l'oignon.

3. Ajoutez l'ail et le curry dans la même casserole. Faites-les revenir en remuant. Remettez le porc et l'oignon dans la casserole et remuez.

4. Ajoutez le bouillon dashi, le miso, le mirin, la sauce soja et l'eau. Portez à ébullition, baissez le feu et faites mijoter 1 heure, à couvert. Ajoutez les pommes de terre et les carottes. Faites mijoter 45 minutes, sans couvrir. Ajoutez les haricots verts et faites cuire 5 minutes. Servez avec du riz.

ASTUCE

Si vous ne trouvez pas de curry japonais en poudre, vous pouvez le remplacer par du curry indien doux en poudre.

496 KCAL PAR PORTION / LIPIDES **19,6 G** dont 7 g de graisses saturées
GLUCIDES **28 G** / PROTÉINES **48,2 G** / FIBRES **6,1 G**

4 PERS.

Préparation + cuisson **25 minutes**

Côtes de porc grillées au nashi

INGRÉDIENTS

2 poires nashi (400 g)
20 g de beurre
1 c. à c. d'huile végétale
1 c. à c. d'huile de sésame
4 côtes de porc (940 g)
80 ml de bouillon de poulet
60 ml de mirin
1 c. à s. de vinaigre de riz
1 gousse d'ail écrasée
½ c. à c. de moutarde japonaise
160 ml de crème liquide
2 feuilles de shiso (menthe japonaise) coupées en fines lanières

1. Coupez les deux extrémités des nashi puis détaillez-les en rondelles. Faites fondre le beurre dans une grande poêle et faites cuire les rondelles de nashi 2 minutes jusqu'à ce qu'elles soient à peine tendres et dorées. Procédez en plusieurs fois si la poêle est trop petite. Retirez les rondelles de la poêle et couvrez pour les garder au chaud.

2. Faites chauffer les huiles préalablement mélangées dans la même poêle. Faites cuire les côtes de porc de chaque côté. Retirez-les de la poêle. Couvrez pour les garder au chaud.

3. Ajoutez le bouillon, le mirin, le vinaigre et l'ail dans la même poêle. Portez à ébullition puis baissez le feu. Ajoutez la moutarde, la crème et l'éventuel jus de cuisson des côtes. Faites mijoter 2 minutes pour que la sauce épaississe légèrement.

4. Servez les côtes de porc avec les rondelles de nashi et la sauce. Parsemez de shiso. Servez avec des légumes verts cuits à la vapeur ou une salade verte.

ASTUCE

Si vous ne trouvez pas de shiso, remplacez-le par des feuilles de basilic.

456 KCAL PAR PORTION / LIPIDES **30,1 G** dont 16,9 g de graisses saturées
GLUCIDES **11,8 G** / PROTÉINES **32 G** / FIBRES **2 G**

4 PERS.

Préparation + cuisson **25 minutes**

Porc teriyaki et vinaigrette au wasabi

INGRÉDIENTS

750 g de filet mignon de porc
60 ml de marinade teriyaki
50 g de germes de pois gourmand
100 g de mesclun
1 poivron rouge (200 g) coupé en fines tranches
250 g de tomates cerises jaunes coupées en deux

VINAIGRETTE AU WASABI

1 ½ c. à c. de wasabi en poudre
60 ml de vinaigre de cidre
80 ml d'huile végétale
1 c. à s. de sauce soja claire

1. Badigeonnez le filet mignon de marinade teriyaki. Faites-le cuire dans une poêle-gril chaude huilée (ou sous le gril du four ou au barbecue), en le badigeonnant régulièrement de marinade, jusqu'à ce qu'il soit doré de chaque côté. Retirez-le du gril et couvrez-le pour le garder au chaud.
2. Préparez la vinaigrette au wasabi. Fouettez le wasabi et le vinaigre dans un bol, ajoutez les autres ingrédients et mélangez bien.
3. Mélangez les germes de pois gourmand, le mesclun, le poivron et les tomates dans un saladier avec la vinaigrette.
4. Coupez le porc en tranches et servez-les avec la salade.

ASTUCE

Vous pouvez trouver la marinade teriyaki prête à l'emploi dans les épiceries asiatiques et dans certains supermarchés.

436 KCAL PAR PORTION / LIPIDES **24,5 G** dont 4 g de graisses saturées
GLUCIDES **8,4 G** / PROTÉINES **43,9 G** / FIBRES **2,5 G**

4 PERS.

Préparation + cuisson **30 minutes**

Porc tonkatsu

INGRÉDIENTS

300 g de chou blanc coupé en fines lanières
4 escalopes de porc (600 g)
35 g de farine
2 œufs légèrement battus
2 c. à c. d'eau
100 g de chapelure japonaise (panko)
Huile pour friture
1 citron (140 g) coupé en quartiers
3 c. à c. de moutarde japonaise (wagarashi)

SAUCE TONKATSU

80 ml de sauce tomate
2 c. à s. de sauce Worcestershire japonaise
2 c. à s. de saké
1 c. à c. de sauce soja japonaise
1 c. à c. de moutarde japonaise

1. Faites tremper le chou 5 minutes dans de l'eau glacée pour le rendre croquant. Égouttez-le.

2. Préparez la sauce tonkatsu. Mélangez les ingrédients dans une petite casserole et portez à ébullition. Remuez à l'aide d'un fouet. Retirez du feu et laissez refroidir.

3. Aplatissez délicatement les escalopes de porc avec un maillet à viande. Farinez-les. Trempez-les dans les œufs battus mélangés avec l'eau, puis dans la chapelure.

4. Faites chauffer assez d'huile pour recouvrir le porc dans une casserole ou une friteuse. Faites cuire la viande 5 minutes, par petites quantités, en la retournant de temps en temps. (Écumez l'huile entre chaque tournée pour éliminer les miettes de pain.) Égouttez le porc sur du papier absorbant et coupez-le en biais, en morceaux de 2 cm de large.

5. Disposez le chou sur des assiettes et placez la viande dessus. Servez avec les quartiers de citron, la moutarde et la sauce tonkatsu.

577 KCAL PAR PORTION / LIPIDES **28,8 G** dont 5,5 g de graisses saturées
GLUCIDES **32,4 G** / PROTÉINES **43 G** / FIBRES **5,1 G**

4 PERS.

Préparation + cuisson **25 minutes (+ repos)**

Porc sauté au chou et au gingembre

INGRÉDIENTS

1 c. à c. de sucre
2 c. à s. de saké
60 ml de sauce soja japonaise
1 c. à c. de gingembre frais, râpé
400 g d'escalopes de porc
8 feuilles de chou chinois
2 c. à s. d'huile végétale
3 c. à c. de jus de gingembre frais

1. Mélangez le sucre, le saké, la sauce soja et le gingembre râpé dans un bol. Remuez jusqu'à ce que le sucre soit dissous.

2. Coupez le porc en tronçons de 5 cm, puis chaque morceau en fines lanières. Mettez la viande dans la marinade et laissez reposer 10 minutes. (Si vous le laissez macérer plus de 10 minutes, le porc deviendra dur.) Égouttez la viande au-dessus d'un petit bol. Réservez la marinade.

3. Ôtez les grosses côtes épaisses du chou et coupez les feuilles en carrés de 4 cm.

4. Faites chauffer l'huile dans une grande poêle ou un wok et faites sauter le porc 3 minutes. Ajoutez le chou, la marinade réservée et le jus de gingembre. Faites sauter jusqu'à ce que le tout soit bien chaud. Servez avec du riz à la vapeur.

ASTUCE

On obtient du jus de gingembre en pressant du jeune gingembre (vert) frais dans un tamis au-dessus d'un bol. Un morceau de gingembre d'environ 15 cm de long donnera 3 cuillerées à café de jus.

2 PERS.

Préparation + cuisson **15 minutes**

Porc à la japonaise et soupe de légumes

INGRÉDIENTS

2 c. à c. d'huile de colza
120 g de porc haché
3 c. à c. de dashi en poudre
1 petite carotte (70 g) coupée en bâtonnets
½ petit oignon rouge (40 g), émincé
60 g de haricots verts parés, coupés en tronçons de 3 cm
1 litre d'eau
50 g de petit daikon coupé en bâtonnets
40 g de champignons shiitake frais, sans les tiges, émincés
1 petit piment rouge thaï frais (ou serrano), émincé
60 g de nouilles de riz sèches
1 c. à c. d'huile de sésame

1. Faites chauffer l'huile à feu moyen dans une casserole et faites revenir le porc 5 minutes, en remuant.

2. Ajoutez le dashi, la carotte, l'oignon, les haricots verts et l'eau, et passez à feu vif. Portez à ébullition puis baissez le feu et laissez mijoter 3 minutes. Ajoutez le daikon, les champignons et le piment. Mélangez puis retirez du feu.

3. Faites cuire les nouilles dans de l'eau bouillante en suivant les indications du paquet. Égouttez.

4. Répartissez les nouilles dans des assiettes creuses, ajoutez de la soupe et agrémentez d'huile de sésame.

ASTUCE

Vous pouvez remplacer le porc par du poulet.

298 KCAL PAR PORTION / LIPIDES **13,2 G** dont 2,7 g de graisses saturées
GLUCIDES **25,2 G** / PROTÉINES **17,4 G** / FIBRES **4,5 G**

4 PERS.

Préparation + cuisson **30 minutes**

Yosenabe

INGRÉDIENTS

30 g de nouilles shirataki
8 champignons shiitake frais
8 crevettes crues (200 g)
8 moules (200 g)
300 g de tofu ferme, pressé (voir page 36)
200 g de blancs de poulet
200 g d'escalopes de porc
200 g de filets de poisson blanc à chair ferme
8 huîtres
8 noix de saint-jacques
2 carottes (240 g)
2 poireaux (700 g)
4 feuilles de chou chinois, coupées grossièrement
1 litre de second bouillon dashi (voir page 15)
2 c. à s. de sauce soja japonaise
2 c. à s. de mirin
2 c. à s. de saké
4 ciboules émincées
120 g de daikon râpé, bien égoutté
1 recette de sauce ponzu (voir page 196)

1. Mettez les nouilles dans un bol et couvrez-les d'eau bouillante pour les faire ramollir. Égouttez-les.

2. Jetez les pieds des champignons. Incisez les chapeaux en croix. Décortiquez les crevettes et enlevez le filament noir en laissant la queue. Ôtez les barbes des moules. Coupez le tofu en dés de 2 cm. Coupez le porc et le poulet en morceaux. Coupez les carottes en tranches dans la longueur et les poireaux en rondelles épaisses.

3. Disposez les viandes, le poisson, les fruits de mer, les légumes et le tofu sur un grand plat de service.

4. Portez à ébullition le dashi mélangé à la sauce soja, au mirin et au saké dans un grand faitout. Plongez un choix d'ingrédients dans le bouillon et laissez mijoter. Répétez l'opération avec les autres ingrédients. Ajoutez du dashi ou de l'eau, si nécessaire. Servez avec des ciboules et du daikon assaisonné à la sauce ponzu.

ASTUCE

Une fois que les légumes et la viande ont été mangés, on peut servir le bouillon avec du riz ou des nouilles supplémentaires.

4 PERS.

Préparation + cuisson **30 minutes**

Shabu shabu

INGRÉDIENTS

400 g de nouilles shirataki
12 champignons shiitake frais
600 g de filet de bœuf, en tranches fines
300 g de tofu ferme, pressé (voir page 36), coupé en dés de 2 cm
4 poireaux coupés en deux dans la longueur, lavés et tranchés en biais, en rondelles de 2 cm
6 feuilles de chou chinois, coupées grossièrement
100 g de pousses de bambou, en tranches fines
1 recette de sauce ponzu (voir page 196)
4 ciboules émincées
1 feuille de varech comestible (konbu), séchée, de 10 cm de long, coupée en quatre
1,5 litre d'eau ou de second bouillon dashi (voir page 15)

1. Rincez les nouilles sous l'eau chaude. Égouttez-les. Coupez-les en tronçons de 20 cm. Jetez les pieds des champignons, incisez les chapeaux en croix. Disposez le bœuf, le tofu et les légumes sur un grand plat.

2. Répartissez la sauce ponzu et les ciboules entre les bols de service.

3. Pratiquez quelques entailles le long des bords de la feuille de konbu pour en dégager la saveur. Mettez-la dans un nabe ou un poêlon résistant à la chaleur d'une contenance de 2 litres et contenant 1,25 litre d'eau ou de dashi. Portez à ébullition. Ôtez la feuille d'algue juste avant l'ébullition ; baissez le feu et laissez mijoter 4 minutes.

4. Plongez un choix d'ingrédients dans le bouillon. Dès qu'ils sont cuits, sortez-les et faites tremper la viande et les légumes dans la sauce ponzu. Incorporez d'autres ingrédients et le reste d'eau ou de dashi, si nécessaire. Écumez la surface du bouillon de temps en temps.

4 PERS.

Préparation + cuisson **30 minutes**

Sukiyaki

INGRÉDIENTS

400 g de nouilles shirataki
8 champignons shiitake frais
600 g de rumsteck ou de faux-filet
4 ciboules émincées
300 g d'épinards coupés grossièrement
125 g de pousses de bambou en boîte, égouttées
200 g de tofu ferme, pressé (voir page 36), coupé en dés de 2 cm
4 œufs

BOUILLON

250 ml de sauce soja japonaise
125 ml de saké
125 ml de mirin
125 ml d'eau
110 g de sucre roux

1. Rincez les nouilles sous l'eau chaude, égouttez-les. Coupez-les en tronçons de 15 cm. Jetez les pieds des champignons ; incisez les chapeaux en croix.

2. Mélangez tous les ingrédients du bouillon dans une casserole et faites cuire à feu moyen en remuant jusqu'à ce que le sucre soit dissous.

3. Dégraissez la viande ; découpez-la en tranches fines. Conservez un petit morceau de graisse de bœuf pour graisser la marmite. Disposez les ingrédients sur les assiettes ou dans les bols de service. Mettez le bouillon dans un bol. Cassez les œufs dans des bols individuels et battez-les légèrement.

4. Faites chauffer la marmite à sukiyaki graissée (ou la cocotte) sur un réchaud, à table. Ajoutez un quart du bœuf, faites-le sauter jusqu'à ce qu'il soit partiellement cuit. Ajoutez un quart des différents légumes, du tofu, des nouilles et du bouillon. Trempez les ingrédients cuits dans l'œuf avant de les manger.

4 PERS.

Préparation + cuisson **45 minutes**

Nouilles soba au porc, aubergine et piment

INGRÉDIENTS

6 ciboules
60 ml d'huile végétale
1 c. à c. d'huile de sésame
3 mini-aubergines (180 g) coupées en grosses tranches
3 gousses d'ail écrasées
2 cm de gingembre frais (10 g), râpé
600 g de porc haché
2 c. à s. de mirin
2 c. à s. de pâte de piment gochujang (dans les épiceries asiatiques)
1 c. à s. de concentré de tomates
1 c. à s. de sauce soja japonaise
1 c. à c. de sucre roux
½ c. à c. de dashi en granulés
250 ml d'eau
250 g de nouilles soba sèches

1. Tranchez finement les ciboules en biais, en séparant la partie verte et blanche. Mélangez les huiles et faites-en chauffer 2 cuillerées à soupe dans un wok. Faites sauter les aubergines jusqu'à ce qu'elles soient dorées. Égouttez-les sur du papier absorbant. Faites chauffer le reste d'huile dans le wok. Faites sauter l'ail, le gingembre et le blanc des ciboules. Retirez-les du wok.

2. Faites sauter le porc dans le wok, en séparant la viande hachée à l'aide d'une fourchette. Quand il est doré, remettez le mélange à base d'ail sauté dans le wok et ajoutez le mirin, la pâte de piment, le concentré de tomates, la sauce soja, le sucre, le dashi et l'eau. Portez à ébullition et baissez le feu. Faites mijoter 5 minutes.

3. Remettez les aubergines et le vert des ciboules dans le wok, en réservant quelques morceaux pour la fin. Faites mijoter 3 minutes, puis augmentez le feu et faites bouillir 5 minutes jusqu'à ce qu'il n'y ait presque plus de liquide.

4. Faites cuire les nouilles dans de l'eau bouillante. Égouttez-les. Rincez-les à l'eau froide puis égouttez-les de nouveau. Versez la sauce sur les nouilles, parsemez de ciboules puis servez.

599 KCAL PAR PORTION / LIPIDES **26,6 G** dont 6 g de graisses saturées
GLUCIDES **47,9 G** / PROTÉINES **38,3 G** / FIBRES **4,3 G**

4 PERS.

Préparation + cuisson **20 minutes**

Nouilles soba froides

INGRÉDIENTS

2 ciboules hachées
1 c. à c. de pâte de wasabi
250 g de nouilles soba sèches
½ feuille de nori grillée (yaki-nori), coupée en fines lanières

SAUCE
180 ml de premier bouillon dashi (voir page 14)
2 c. à s. de sauce soja japonaise
2 c. à s. de mirin
½ c. à c. de sucre

1. Préparez la sauce. Faites chauffer les ingrédients dans une petite casserole jusqu'à ce que le sucre soit dissous. Laissez refroidir.

2. Répartissez la sauce, les ciboules et le wasabi dans des coupelles individuelles.

3. Faites cuire les nouilles dans de l'eau bouillante. Égouttez-les. Rincez-les à l'eau froide puis égouttez-les de nouveau.

4. Au moment de servir, mettez les nouilles dans une passoire et plongez-les dans de l'eau glacée. Égouttez-les et répartissez-les dans des assiettes. Ajoutez le nori sur le dessus. Trempez les nouilles dans la sauce avant de manger.

231 KCAL PAR PORTION / LIPIDES **0,9 G** dont 0,2 g de graisses saturées
GLUCIDES **44,2 G** / PROTÉINES **8,2 G** / FIBRES **2,2 G**

4 PERS.

Préparation + cuisson **35 minutes**

Nouilles soba au bouillon

INGRÉDIENTS

200 g de nouilles soba sèches
750 ml de premier bouillon dashi (voir page 14)
60 ml de sauce soja japonaise
2 c. à s. de mirin
1 c. à c. de sucre
1 c. à s. d'huile végétale
400 g de blancs de poulet coupés en fines lanières
2 poireaux (700 g) émincés
¼ de c. à c. de mélange de 7-épices (shichimi togarashi)

1. Faites cuire les nouilles dans de l'eau bouillante. Égouttez-les. Couvrez-les pour les garder au chaud.
2. Mélangez le dashi, 2 cuillerées à soupe de sauce soja, la moitié du mirin et la moitié du sucre dans une casserole. Portez à ébullition. Retirez du feu et couvrez pour garder au chaud.
3. Faites chauffer l'huile dans une poêle et faites cuire le poulet et les poireaux, en remuant, jusqu'à ce que le poulet soit cuit. Ajoutez le reste de sauce soja, de mirin et de sucre. Portez à ébullition.
4. Répartissez les nouilles dans des bols. Ajoutez le poulet et couvrez de bouillon. Saupoudrez 1 pincée de mélange de 7-épices.

ASTUCE

Vous pouvez ajouter 1 cuillerée à soupe de gingembre frais râpé dans le bouillon pour le parfumer.

413 KCAL PAR PORTION / LIPIDES **11,4 G** dont 2,6 g de graisses saturées
GLUCIDES **41,1 G** / PROTÉINES **32,1 G** / FIBRES **4,7 G**

4 PERS.

Préparation + cuisson **20 minutes (+ congélation)**

Bœuf au soja sur lit de riz

INGRÉDIENTS

300 g de filet de bœuf
200 g de nouilles shirataki égouttées
125 ml de sauce soja japonaise
1 c. à s. de sucre
60 ml de mirin
2 ciboules coupées en tronçons
2 c. à c. de jus de gingembre frais
920 g de riz japonais cuit, chaud (400 g de riz sec)

1. Emballez le filet de bœuf de film alimentaire et laissez-le raffermir 1 heure au congélateur. Coupez-le en tranches très fines.

2. Faites cuire les nouilles dans de l'eau bouillante. Égouttez-les. Coupez-les en morceaux de 10 cm.

3. Portez la sauce soja, le sucre et le mirin à ébullition dans une casserole. Ajoutez le bœuf et faites cuire, en remuant, jusqu'à ce que la viande change de couleur. Égouttez le bœuf et remettez la sauce dans la casserole.

4. Ajoutez les ciboules et les nouilles. Laissez mijoter 3 minutes jusqu'à ce que les ciboules soient tendres. Remettez le bœuf avec le jus de gingembre. Réchauffez.

5. Répartissez le riz dans des bols et ajoutez le bœuf, les nouilles et 60 ml environ de sauce.

ASTUCE

Pour préparer le jus de gingembre, pressez du gingembre râpé à travers une passoire placée sur un bol. Pour obtenir 2 cuillerées à café de jus de gingembre, vous devrez râper 10 cm de gingembre frais.

479 KCAL PAR PORTION / LIPIDES **4,5 G** dont 1,6 g de graisses saturées
GLUCIDES **81,1 G** / PROTÉINES **24 G** / FIBRES **1,4 G**

4 PERS.

Préparation + cuisson **35 minutes**

Nouilles sautées

INGRÉDIENTS

250 g de nouilles de blé sèches
2 c. à s. d'huile d'arachide
500 g de filet de porc coupé en fines tranches
1 gros oignon (200 g) émincé
1 poivron rouge (200 g) coupé en fines tranches
1 poivron vert (200 g) coupé en fines tranches
140 g de chou chinois coupé en lanières
60 ml de sauce tonkatsu
60 ml de sauce sukiyaki

1. Faites cuire les nouilles dans de l'eau bouillante. Égouttez-les. Rincez-les à l'eau froide puis égouttez-les de nouveau.
2. Faites chauffer la moitié de l'huile dans un wok et faites sauter le porc par petites quantités jusqu'à ce qu'il soit doré et cuit à point. Retirez-le du wok.
3. Faites chauffer le reste d'huile dans le wok et faites revenir l'oignon. Ajoutez les poivrons et faites-les sauter jusqu'à ce qu'ils soient tendres.
4. Remettez le porc dans le wok avec les nouilles, le chou et les sauces. Faites sauter jusqu'à ce que le chou soit cuit.

ASTUCE
Vous pouvez utiliser des nouilles soba, des nouilles hokkien fraîches ou des nouilles de riz pour préparer cette recette.

515 KCAL PAR PORTION / LIPIDES **15,9 G** dont 3,1 g de graisses saturées
GLUCIDES **52,7 G** / PROTÉINES **37,3 G** / FIBRES **5 G**

4 PERS.

Préparation + cuisson **20 minutes (+ trempage)**

Bol de riz au poulet et aux œufs

INGRÉDIENTS

4 champignons shiitake séchés
125 ml de second bouillon dashi (voir page 15)
60 ml de sauce soja japonaise
2 c. à s. de mirin
1 c. à c. de sucre
100 g de blanc de poulet coupé en fines tranches
1 petit poireau (200 g) coupé en fines tranches
6 œufs battus légèrement
600 g de riz japonais cuit, chaud (300 g de riz sec)
2 c. à s. de ciboule hachée

1. Faites tremper les champignons 20 minutes dans un bol d'eau bouillante. Égouttez-les, retirez les pieds et coupez les chapeaux en deux.
2. Portez à ébullition le bouillon dashi, la sauce soja, le mirin et le sucre dans une grande poêle. Ajoutez le poulet, le poireau et les champignons. Faites cuire à couvert 3 minutes jusqu'à ce que le poulet soit tendre. Versez les œufs sur le poulet. Couvrez et faites cuire 2 minutes environ à feu doux.
3. Répartissez le riz dans des bols, garnissez avec le poulet aux œufs et parsemez de ciboule.

ASTUCE

Les œufs doivent rester baveux par endroits. Retirez-les du feu et maintenez-les à couvert afin qu'ils cuisent un peu plus longtemps, si vous le souhaitez.

383 KCAL PAR PORTION / LIPIDES **11 G** dont 3,2 g de graisses saturées
GLUCIDES **46,2 G** / PROTÉINES **22,2 G** / FIBRES **1,8 G**

4 PERS.

Préparation + cuisson **35 minutes**

Nouilles soba frites

INGRÉDIENTS

250 g de nouilles soba sèches
1 c. à s. d'huile de sésame
2 c. à s. d'huile végétale
300 g de porc haché
1 oignon (150 g) coupé en 8 quartiers
1 gousse d'ail écrasée
1 cm de gingembre frais (5 g), râpé
500 g de chou blanc coupé en fines lanières
1 poivron rouge (200 g) coupé en fines tranches
2 c. à s. de gingembre rouge mariné (beni-shoga), égoutté
2 c. à c. d'algues nori séchées (ao-nori), en lanières

SAUCE

60 ml de mirin
60 ml de sauce soja japonaise
2 c. à s. de saké
1 c. à s. de sucre

1. Faites cuire les nouilles dans de l'eau bouillante. Égouttez-les.
2. Préparez la sauce. Faites chauffer les ingrédients dans une petite casserole jusqu'à ce que le sucre soit dissous.
3. Faites chauffer l'huile de sésame et 1 cuillerée à soupe d'huile végétale dans un wok. Faites sauter le porc jusqu'à ce qu'il soit légèrement doré. Retirez-le du wok et couvrez-le pour le garder au chaud.
4. Faites chauffer le reste d'huile végétale dans le wok. Faites sauter l'oignon, l'ail et le gingembre frais jusqu'à ce que l'oignon soit translucide. Ajoutez le chou et le poivron. Faites sauter jusqu'à ce qu'ils soient tendres. Ajoutez le gingembre mariné, le porc, les nouilles et la sauce. Remuez pour réchauffer. Parsemez de nori avant de servir.

544 KCAL PAR PORTION / LIPIDES **20 G** dont 3,9 g de graisses saturées
GLUCIDES **57 G** / PROTÉINES **26,1 G** / FIBRES **7,9 G**

4 PERS.

Préparation + cuisson **35 minutes (+ marinade)**

Nouilles udon en nabe

INGRÉDIENTS

400 g de nouilles udon épaisses, sèches
200 g de blancs de poulet, coupés grossièrement
2 c. à c. de sauce soja japonaise
2 c. à c. de saké
250 g d'épinards, parés
625 ml de second bouillon dashi (voir page 15)
2 c. à s. de sauce soja légère
1 c. à s. de mirin
1 carotte (120 g), en tranches fines
4 champignons shiitake frais, émincés
2 ciboules hachées
4 œufs
¼ de c. à c. de poudre sept-épices (shichimi togarashi)

1. Faites cuire les nouilles dans de l'eau bouillante, égouttez-les. Rincez-les sous l'eau froide. Égouttez-les de nouveau.

2. Mélangez le poulet, la sauce soja japonaise et le saké dans un bol. Laissez mariner 10 minutes.

3. Faites cuire les épinards à la vapeur ou au micro-ondes. Rincez-les sous l'eau froide. Pressez-les pour éliminer l'eau et coupez-les grossièrement.

4. Mélangez le dashi, la sauce soja légère et le mirin dans une casserole. Portez à ébullition. Ajoutez la carotte et faites cuire 2 minutes. Ajoutez le poulet et faites cuire 2 minutes de plus. Ajoutez les champignons et faites cuire encore 1 minute. Ajoutez les nouilles, les épinards et les ciboules dans la casserole. Portez à ébullition.

5. Répartissez les nouilles, le bouillon et les légumes dans des bols. Avec le dos d'une cuillère, faites un petit nid dans les nouilles et cassez 1 œuf dans chaque nid. Couvrez les bols et laissez reposer jusqu'à ce que l'œuf se fige. Juste avant de servir, saupoudrez chaque bol de 1 pincée de poudre sept-épices.

4 PERS.

Préparation + cuisson **30 minutes**

Tempura aux nouilles udon

INGRÉDIENTS

320 g de grosses nouilles udon sèches
1 litre de premier bouillon dashi (voir page 14)
125 ml de sauce soja japonaise
125 ml de mirin
8 grosses gambas crues (560 g)
Huile végétale pour friture
Farine
¼ de c. à c. de mélange sept-épices (shichimi togarashi)
2 ciboules finement hachées

PÂTE À TEMPURA
75 g de farine
75 g de fécule de maïs
1 c. à c. de levure chimique
250 ml d'eau gazeuse glacée

1. Faites cuire les nouilles dans de l'eau bouillante. Égouttez-les. Portez à ébullition le dashi, la sauce soja et le mirin dans une autre casserole. Baissez le feu et faites mijoter 10 minutes.
2. Retirez la carapace et le filament noir des gambas, en conservant la queue. Faites une entaille sur le dessous pour les empêcher de se recourber à la cuisson.
3. Préparez la pâte à tempura. Mélangez la farine, la fécule de maïs, la levure et l'eau dans un saladier. Ne remuez pas trop car la pâte doit être grumeleuse.
4. Faites chauffer l'huile dans une petite casserole. Trempez les gambas, une par une, dans la farine puis dans la pâte à tempura. Faites-les frire par petites quantités. Égouttez sur du papier absorbant.
5. Répartissez les nouilles dans des bols, ajoutez les gambas et recouvrez de bouillon. Parsemez du mélange sept-épices et de ciboules.

603 KCAL PAR PORTION / LIPIDES **11,5 G** dont 1,7 g de graisses saturées
GLUCIDES **87 G** / PROTÉINES **30 G** / FIBRES **3,5 G**

4 PERS.

Préparation + cuisson **25 minutes**

Nouilles au gingembre et aux pleurotes

INGRÉDIENTS

1 c. à s. d'huile d'arachide
2 gousses d'ail écrasées
2 cm de gingembre frais (10 g), râpé
450 g de pleurotes grossièrement hachés
450 g de nouilles de riz fines, fraîches
80 ml de mirin
2 c. à s. de jus de citron vert
4 ciboules émincées

1. Faites chauffer l'huile dans un wok et faites revenir l'ail, le gingembre et les champignons.
2. Ajoutez les nouilles, le mirin et le jus de citron vert. Faites sauter jusqu'à ce que le mélange soit chaud.
3. Répartissez les nouilles aux pleurotes dans des bols et parsemez de ciboules.

4 PERS.

Préparation + cuisson **25 minutes**

Nouilles soba aux crevettes et aux asperges

INGRÉDIENTS

200 g de nouilles soba, de préférence au thé vert
340 g de petites asperges coupées en deux
80 g d'edamame surgelés, décortiqués et décongelés
2 bouquets de menthe
2 bouquets de basilic
16 grosses crevettes crues (1,2 kg), décortiquées
2 c. à s. d'huile d'olive
2 citrons verts coupés en quartiers

VINAIGRETTE

2 c. à s. de sucre roux
80 ml de jus de citron vert
60 ml de nuoc-mâm
2 petits piments rouges thaïs, épépinés et finement hachés
60 ml d'huile d'arachide

1. Fouettez les ingrédients de la vinaigrette dans un bol.
2. Faites cuire les nouilles 2 minutes dans de l'eau bouillante. Ajoutez les asperges et poursuivez la cuisson 2 minutes. Égouttez-les, passez-les sous l'eau froide et égouttez-les de nouveau.
3. Dans un saladier, mélangez délicatement les nouilles, les asperges, les edamame, les herbes et la vinaigrette.
4. Mélangez les crevettes et l'huile. Faites-les cuire 1 min 30 sur chaque face, dans une poêle-gril chaude (ou sous le gril du four, ou au barbecue).
5. Servez la salade garnie de crevettes avec des quartiers de citron vert.

481 KCAL PAR PORTION / LIPIDES **25,3 G** dont 4,5 g de graisses saturées
GLUCIDES **22,1 G** / PROTÉINES **22 G** / FIBRES **6 G**

4 PERS.

Préparation + cuisson **20 minutes**

Haricots verts et sauce au sésame

INGRÉDIENTS

200 g de haricots verts
50 g de graines de sésame noir grillées
1 c. à s. de sucre extrafin
1 c. à s. de sauce soja japonaise
2 c. à c. de mirin

1. Coupez les haricots verts en deux dans la longueur, puis en deux dans la largeur. Faites-les cuire 2 minutes dans de l'eau bouillante salée. Égouttez-les et plongez-les dans de l'eau glacée. Égouttez-les et essuyez-les avec du papier absorbant.

2. Mixez ou pilez grossièrement les graines de sésame. Mettez-les dans un saladier. Ajoutez le sucre, la sauce soja et le mirin. Mélangez bien. Ajoutez les haricots verts et remuez pour les enrober de sauce.

108 KCAL PAR PORTION / LIPIDES **7,1 G** dont 0,9 g de graisses saturées
GLUCIDES **5,7 G** / PROTÉINES **4,2 G** / FIBRES **2,6 G**

4 PERS.

Préparation + cuisson **15 minutes**

Maïs grillé

INGRÉDIENTS

3 épis de maïs frais (750 g), pelés et coupés en deux
30 g de beurre fondu
3 c. à c. de sauce soja japonaise
2 c. à c. de mirin
1 c. à c. de sucre extrafin

1. Faites cuire les épis de maïs à l'eau, à la vapeur ou au micro-ondes. Égouttez-les.
2. Mettez les épis de maïs sur une plaque de cuisson recouverte de papier d'aluminium.
3. Préchauffez le gril du four.
4. Mélangez le beurre, la sauce soja, le mirin et le sucre dans un bol. Badigeonnez les épis de maïs de ce mélange. Faites-les griller sous le gril 5 minutes environ, en les tournant et en les badigeonnant régulièrement. Badigeonnez les épis de maïs avec le reste de mélange au beurre avant de servir.

203 KCAL PAR PORTION / LIPIDES **7,8 G** dont 4,2 g de graisses saturées
GLUCIDES **23,7 G** / PROTÉINES **6 G** / FIBRES **6,2 G**

4 PERS.

Préparation + cuisson **10 minutes**

Champignons shiitake à la sauce ponzu

INGRÉDIENTS

200 g de champignons shiitake frais
1 c. à s. d'huile végétale
60 ml de sauce ponzu
Huile de sésame pour servir (facultatif)

1. Retirez les pieds des champignons. Coupez les chapeaux en deux s'ils sont gros.
2. Faites chauffer l'huile dans une poêle et faites cuire les champignons jusqu'à ce qu'ils soient tendres.
3. Transférez les champignons dans une assiette creuse et versez dessus la sauce ponzu. Agrémentez d'un peu d'huile de sésame.

À SAVOIR
La sauce ponzu est une sauce au citron souvent utilisée au Japon pour tremper les aliments. Elle est vendue prête à l'emploi dans les épiceries asiatiques et certains supermarchés, mais vous pouvez la réaliser vous-même facilement (voir page 196).

77 KCAL PAR PORTION / LIPIDES **6,3 G** dont 0,8 g de graisses saturées
GLUCIDES **2,7 G** / PROTÉINES **2 G** / FIBRES **1,4 G**

4 PERS.

Préparation + cuisson **10 minutes**

Haricots verts au bouillon

INGRÉDIENTS

250 g de haricots verts équeutés et coupés en deux
375 ml de premier bouillon dashi (voir page 14)
2 c. à s. de sauce soja japonaise
2 c. à s. de saké
2 c. à c. de copeaux de bonite fumée

1. Portez les haricots verts, le bouillon dashi, la sauce soja et le saké à ébullition dans une casserole. Baissez le feu et faites mijoter à découvert jusqu'à ce que les haricots verts soient tendres. Égouttez-les au-dessus d'un bol et réservez le bouillon.

2. Mettez les haricots verts dans des bols individuels. Versez un peu de bouillon sur les haricots. Servez les haricots verts chauds, à température ambiante ou froids, et parsemez-les de copeaux de bonite.

À SAVOIR
Le plat se conserve 2 ou 3 jours au réfrigérateur. La bonite est une variété de thon. Elle est séchée et débitée en copeaux.

37 KCAL PAR PORTION / LIPIDES **0,4 G** dont 0,1 g de graisses saturées
GLUCIDES **2,5 G** / PROTÉINES **3,1 G** / FIBRES **1,7 G**

4 PERS.

Préparation + cuisson **1 h 30 (+ repos)**

Tempura de pommes de terre épicées, sauce au mirin

INGRÉDIENTS

150 g de farine de riz
255 g de farine de maïs
300 ml d'eau gazeuse glacée
500 g de pommes de terre bintje pelées
Huile de friture

MÉLANGE D'ÉPICES

1 c. à s. de gros sel
2 bâtons de cannelle
4 badianes
½ c. à c. de poivre japonais (sansho)

SAUCE AU MIRIN

1 gousse d'ail écrasée
4 cm de gingembre frais (20 g), haché
2 petits piments thaïs rouges, émincés
125 ml d'eau
60 ml de sauce soja japonaise
55 g de sucre
60 ml de mirin
1 ½ c. à s. de vinaigre de riz

1. Mélangez la farine de riz et 150 g de farine de maïs. Versez l'eau gazeuse et remuez : la pâte doit rester grumeleuse. Couvrez et laissez reposer 30 minutes.

2. Préparez le mélange d'épices. Préchauffez le four à 150 °C. Mettez le sel, la cannelle et les badianes sur une plaque de cuisson et enfournez 1 heure. Mixez finement les épices dans un robot ou un mortier. Passez le mélange dans une petite passoire fine.

3. Préparez la sauce au mirin. Portez à ébullition les ingrédients dans une petite casserole. Baissez le feu et faites mijoter 5 minutes, sans couvrir.

4. Coupez les pommes de terre en tranches fines. Essuyez-les avec du papier absorbant.

5. Faites chauffer l'huile dans une grande casserole. Farinez les tranches de pomme de terre, une par une, avec le reste de farine de maïs puis plongez-les dans la pâte. Faites-les frire, par petites quantités, jusqu'à ce qu'elles soient dorées. Égouttez-les sur du papier absorbant. Saupoudrez du mélange d'épices et servez avec la sauce au mirin.

640 KCAL PAR PORTION / LIPIDES **16,7 G** dont 2,2 g de graisses saturées
GLUCIDES **112,3 G** / PROTÉINES **5,8 G** / FIBRES **2,7 G**

4 PERS.

Préparation + cuisson **20 minutes**

Salade d'épinards au sésame

INGRÉDIENTS

50 g de graines de sésame blanc grillées
60 ml de premier bouillon dashi (voir page 14)
1 ½ c. à s. de sauce soja japonaise
1 c. à c. de sucre
600 g d'épinards parés

1. Réservez 1 cuillerée à café de graines de sésame. Mixez ou pilez le reste jusqu'à l'obtention d'une pâte lisse.
2. Mélangez cette pâte avec le bouillon dashi, la sauce soja et le sucre dans un shaker pour sauce à salade. Secouez jusqu'à ce que le sucre soit dissous.
3. Portez de l'eau à ébullition dans une casserole et plongez-y les épinards pendant 30 secondes. Égouttez-les aussitôt. Rincez-les sous un filet d'eau froide. Enveloppez les épinards dans une natte en bambou (makisu), roulez-la fermement et pressez doucement pour retirer le maximum d'eau. Disposez les épinards sur un plat de service.
4. Au moment de servir, versez la sauce sur les épinards. Servez à température ambiante et parsemez de graines de sésame réservées.

ASTUCE

Vous pouvez utiliser du tahin (purée de sésame) au lieu de moudre les graines de sésame grillées. On peut remplacer les épinards par des haricots verts ou du cresson, et les graines de sésame par des cacahuètes ou des noix de cajou. Vous pouvez également garnir les épinards cuits de copeaux de bonite fumée.

100 KCAL PAR PORTION / LIPIDES **7,2 G** dont 0,9 g de graisses saturées
GLUCIDES **1,9 G** / PROTÉINES **5,3 G** / FIBRES **3,4 G**

4 PERS.

Préparation + cuisson **25 minutes (+ réfrigération)**

Champignons marinés

INGRÉDIENTS

200 g de pleurotes
200 g de champignons shiitake
200 g de champignons de Paris
200 g de champignons de Paris rosés
200 g de champignons enoki
2 gousses d'ail écrasées
4 cm de gingembre frais (20 g), râpé
80 ml de sauce soja claire
2 c. à s. de mirin
2 c. à s. de saké
2 c. à s. d'huile d'arachide
1 c. à s. de sucre
4 ciboules coupées en grosses tranches

1. Mélangez les champignons, l'ail, le gingembre, la sauce soja, le mirin, le saké, l'huile et le sucre dans un saladier. Couvrez et placez 2 heures au réfrigérateur.
2. Égouttez les champignons dans un petit saladier et réservez la marinade.
3. Faites cuire les champignons dans une poêle-gril chaude huilée (ou sous le gril du four ou au barbecue) jusqu'à ce qu'ils soient tendres.
4. Mettez les champignons dans un saladier avec les ciboules et la marinade réservée. Mélangez délicatement.

213 KCAL PAR PORTION / LIPIDES **9,8 G** dont 1,7 g de graisses saturées
GLUCIDES **14,9 G** / PROTÉINES **9,2 G** / FIBRES **7,7 G**

8 PERS.

Préparation + cuisson **2 h 20 (+ repos)**

Gratin de daikon et de pommes de terre

INGRÉDIENTS

3 pommes de terre (500 g) coupées en fines tranches
1 gros daikon (800 g) coupé en fines tranches
1 ½ c. à s. de sel
600 ml de crème liquide
10 cm d'algue kombu
3 ciboules (75 g) finement hachées
2 feuilles de laurier
2 gousses d'ail écrasées
Sel, poivre blanc

1. Mettez les pommes de terre dans un saladier et couvrez-les d'eau froide. Mettez le daikon dans une passoire et saupoudrez-le de sel. Laissez reposer 45 minutes.

2. Portez à ébullition la crème, le kombu, les ciboules, le laurier et l'ail dans une grande casserole. Retirez le kombu. Baissez le feu et faites mijoter 2 minutes, à découvert. Retirez le laurier. Salez et poivrez avec du poivre blanc.

3. Rincez le daikon à l'eau froide et égouttez-le. Pressez-le pour retirer le maximum d'eau. Égouttez les pommes de terre. Essuyez les légumes avec du papier absorbant.

4. Préchauffez le four à 200 °C. Huilez un plat à four de 2 litres. Rangez les tranches de légumes dans le plat, en ajoutant un peu de crème entre chaque couche. Versez le reste de crème sur le dessus.

5. Couvrez le gratin de papier d'aluminium et faites cuire 50 minutes au four. Retirez le papier d'aluminium et poursuivez la cuisson 20 minutes pour que le dessus soit doré. Laissez reposer 10 minutes avant de servir.

357 KCAL PAR PORTION / LIPIDES **32,8 G** dont 21,4 g de graisses saturées
GLUCIDES **11,9 G** / PROTÉINES **3,5 G** / FIBRES **2,6 G**

4 PERS.

Préparation + cuisson **25 minutes**

Potiron kabocha à la sauce soja douce

INGRÉDIENTS

500 g de potiron kabocha, non pelé

375 ml de second bouillon dashi (voir page 15)

1 ½ c. à s. de sucre

2 c. à s. de mirin

1 c. à s. de sauce soja japonaise

1. Coupez le potiron en morceaux de 5 cm en ôtant les graines. Coupez la peau par endroits pour donner à la surface une apparence tachetée et permettre à la saveur du bouillon de bien imprégner le légume.

2. Mettez le potiron côté peau dans une casserole. Ajoutez le dashi, le sucre et le mirin. Portez à ébullition, baissez le feu et laissez mijoter 5 minutes à couvert, en tournant les morceaux au bout de 2 minutes.

3. Ajoutez la sauce soja et faites cuire 8 minutes jusqu'à ce que le potiron soit juste cuit, en retournant les morceaux à mi-cuisson. Retirez la casserole du feu. Laissez le légume refroidir dans le liquide de cuisson quelques minutes avant de le répartir dans les bols de service. Servez chaud ou à température ambiante avec un peu de bouillon.

ASTUCE

Vous pouvez ajouter du porc ou du poulet haché et frit au potiron.

4 PERS.

Préparation + cuisson **35 minutes**

Riz au gingembre et légumes asiatiques

INGRÉDIENTS

400 g de riz basmati
4 feuilles de citron kaffir coupées en lanières
20 g de gingembre frais, haché
2 poivres de Cayenne rouges frais, émincés
1 c. à s. d'huile de sésame
1 gros oignon émincé
200 g de haricots verts
300 g de jeunes pak choï coupés en quatre
100 g de pois gourmands
150 g de pleurotes coupés en deux
100 g de champignons enoki
80 ml de jus de citron vert
2 c. à s. de sauce soja
1 petite poignée de coriandre

1. Mettez dans 1 litre d'eau le riz, les feuilles de kaffir, le gingembre et les poivres de Cayenne. Couvrez et portez à ébullition, puis laissez frémir 12 minutes, sans soulever le couvercle ni remuer le riz durant la cuisson. Quand toute l'eau est absorbée, retirez la casserole du feu et laissez reposer 10 minutes, toujours à couvert.

2. Faites chauffer la moitié de l'huile de sésame dans un wok et faites revenir l'oignon. Ajoutez les haricots verts, les pak choï, les pois gourmands et les champignons. Faites sauter tous ces légumes rapidement pour qu'ils restent verts et croquants.

3. Versez le jus de citron, la sauce soja et le reste d'huile, incorporez la coriandre, mélangez et retirez les légumes du feu. Servez-les aussitôt avec le riz au gingembre.

4 PERS.

Préparation + cuisson **25 minutes**

Légumes asiatiques sautés aux noix de cajou

INGRÉDIENTS

400 g de gai lan
1 c. à s. d'huile d'arachide
150 g de pois gourmands
200 g de haricots verts coupés en deux
2 gousses d'ail émincées
1 petit piment rouge frais, émincé
2 courgettes coupées en grosses rondelles
2 c. à s. de sauce aux haricots noirs
1 c. à s. de kecap manis
1 c. à c. d'huile de sésame
50 g de noix de cajou grillées, concassées

1. Préparez les gai lan en séparant les feuilles des tiges. Déchirez grossièrement les feuilles, coupez les tiges en petits tronçons.

2. Faites sauter à feu vif dans l'huile chaude les pois gourmands, les tiges du gai lan, les haricots verts, l'ail, le piment et les courgettes.

3. Ajoutez la sauce aux haricots, le kecap manis, l'huile de sésame, les feuilles de gai lan et les noix de cajou. Laissez sur le feu jusqu'à ce que les feuilles de gai lan soient légèrement flétries.

4. Servez aussitôt avec du riz basmati.

4 PERS.

Préparation + cuisson **20 minutes**

Légumes asiatiques grillés

INGRÉDIENTS

400 g de petits bok choy coupés en deux dans la longueur
2 c. à s. d'huile d'arachide
175 g de broccolinis coupés en deux
100 g de pois gourmands équeutés
200 g de jeunes épis de maïs coupés en deux dans la longueur
2 c. à s. de mirin
1 c. à s. de sauce soja japonaise
1 c. à s. de sauce soja légère
1 gousse d'ail écrasée
1 c. à c. de sucre
½ c. à c. d'huile de sésame

1. Faites cuire les bok choy à l'eau ou à la vapeur. Égouttez-les. Badigeonnez-les avec la moitié de l'huile d'arachide. Faites-les cuire sur la plaque du barbecue chaude huilée jusqu'à ce qu'ils soient tendres.

2. Mélangez les broccolinis, les pois gourmands et les jeunes épis de maïs dans un saladier avec le reste d'huile d'arachide. Faites cuire les légumes en plusieurs fois sur la plaque du barbecue.

3. Mélangez le mirin, les deux sauces soja, l'ail, le sucre et l'huile de sésame dans un saladier. Ajoutez les légumes grillés puis mélangez bien.

60 ML

Préparation + cuisson **20 minutes (+ refroidissement)**

Gomasio

INGRÉDIENTS

35 g de graines de sésame blanc
1 c. à c. de sel

1. Faites griller à sec les graines de sésame dans une poêle, sans les faire brunir. Laissez-les refroidir.
2. Mixez les graines de sésame et le sel dans un robot ou un mortier.

ASTUCE
Si vous utilisez un robot, ne le faites pas tourner trop longtemps pour éviter de transformer le mélange en pâte. Le gomasio permet d'assaisonner le riz, les soupes, les plats mijotés et les légumes.

71 KCAL PAR CUILLERÉE À SOUPE / LIPIDES **6,5 G** dont 0,8 g de graisses saturées
GLUCIDES **0,1 G** / PROTÉINES **2,6 G** / FIBRES **1,2 G**

120 ML

Préparation + cuisson **10 minutes (+ refroidissement)**

Sauce au miso rouge

INGRÉDIENTS

80 ml d'eau
75 g de miso blanc
60 ml de mirin
55 g de sucre
1 ½ c. à s. de sauce soja claire
1 c. à s. de miso rouge

1. Faites chauffer les ingrédients dans une petite casserole à feu doux pour faire fondre le sucre. Laissez refroidir 5 minutes.

ASTUCE

Ajoutez un peu de flocons de piment séché pour apporter plus de saveur. Cette sauce accompagne traditionnellement le tofu et les légumes.

73 KCAL PAR CUILLERÉE À SOUPE / LIPIDES **1 G** dont 0,1 g de graisses saturées
GLUCIDES **13,1 G** / PROTÉINES **2,2 G** / FIBRES **0,9 G**

500 ML

Préparation + cuisson **25 minutes (+ repos)**

Gingembre mariné

INGRÉDIENTS

500 g de gingembre frais pelé
et coupé en fines tranches
1 c. à s. de sel
375 ml de vinaigre blanc
220 g de sucre

1. Mélangez le gingembre et le sel dans un saladier. Laissez reposer 1 heure. Rincez le gingembre à l'eau froide puis égouttez-le.
2. Mélangez le vinaigre et le sucre dans une casserole. Faites fondre le sucre à feu doux sans faire bouillir. Portez à ébullition et ajoutez le gingembre. Portez de nouveau à ébullition.
3. Versez dans des bocaux stérilisés et fermez.

ASTUCE
Pour stériliser, faites chauffer des bocaux propres et ouverts ainsi que les couvercles dans un four préchauffé à 120 °C pendant 15 minutes. Retirez-les du four au moment de les remplir.

44 KCAL PAR CUILLERÉE À SOUPE / LIPIDES **0,1 G** dont 0 g de graisses saturées
GLUCIDES **10,2 G** / PROTÉINES **0,2 G** / FIBRES **0,6 G**

450 ML

Préparation + cuisson **10 minutes**

Sauce pour tempura

INGRÉDIENTS

310 ml de premier bouillon dashi (voir page 14)
80 ml de sauce soja japonaise
60 ml de mirin

1. Mettez les ingrédients dans une petite casserole et portez à ébullition.
2. Baissez le feu au minimum et laissez la sauce sur le feu jusqu'au moment de servir.

3 KCAL PAR CUILLERÉE À SOUPE / LIPIDES **0 G** dont 0 g de graisses saturées
GLUCIDES **0,2 G** / PROTÉINES **0,2 G** / FIBRES **0 G**

375 ML

Préparation **10 minutes (+ égouttage)**

Sauce au tofu et à l'avocat

INGRÉDIENTS

150 g de tofu soyeux ferme
1 petit avocat (200 g)
½ c. à c. de jus de citron
50 g de cottage cheese
2 c. à s. de mayonnaise
1 ½ c. à c. de bouillon de poulet en poudre

1. Placez le tofu entre 2 planches à découper et posez des poids sur la planche du dessus pour le presser. Penchez l'un des côtés pour que l'eau puisse s'écouler. Laissez s'égoutter 25 minutes.

2. Écrasez l'avocat dans le jus de citron jusqu'à ce que le mélange soit onctueux. Coupez le tofu en morceaux. Mélangez le tofu et le cottage cheese avec l'avocat. Incorporez la mayonnaise et le bouillon de poulet en poudre, puis mélangez. Assaisonnez.

ASTUCE

Il est important d'utiliser un tofu soyeux ferme pour obtenir la texture recherchée dans cette recette. Vous trouverez du tofu soyeux ferme dans les épiceries asiatiques ; le tofu soyeux des magasins bio est généralement du tofu soyeux mou. Cette recette accompagne bien le poisson frit ou le poulet grillé.

39 KCAL PAR CUILLERÉE À SOUPE / LIPIDES **3,3 G** dont 0,7 g de graisses saturées
GLUCIDES **0,6 G** / PROTÉINES **1,6 G** / FIBRES **0,7 G**

250 ML

Préparation + cuisson **15 minutes**

Vinaigre de riz et soja

INGRÉDIENTS

1 c. à s. d'huile d'arachide
2 c. à c. d'huile de sésame
2 gousses d'ail écrasées
5 cm de gingembre frais (25 g), râpé
1 ciboule émincée
60 ml de vin de riz
2 c. à s. de sauce soja
2 c. à c. de sucre
1 c. à c. de fécule de maïs
125 ml d'eau

1. Faites chauffer l'huile d'arachide et l'huile de sésame dans un wok. Faites revenir l'ail, le gingembre et la ciboule. Quand le mélange embaume, versez le vin de riz et la sauce soja, ajoutez le sucre, mélangez bien et portez à ébullition. Laissez frémir 2 minutes sans couvrir.

2. Délayez la fécule de maïs dans l'eau. Versez dans le wok. Remuez vivement et laissez épaissir 2 minutes à gros bouillons.

ASTUCE

Cette sauce accompagnera les brocolis vapeur ou les légumes verts sautés.

250 ML

Préparation **10 minutes**

Sauce ponzu

INGRÉDIENTS

60 ml de jus de citron
60 ml de tamari
60 ml d'eau
2 ciboules émincées

1. Mélangez tous les ingrédients dans un bol.
2. Cette sauce se garde 1 semaine au réfrigérateur dans un bocal fermé à condition de n'ajouter les ciboules qu'au dernier moment.

ASTUCE

Le tamari est une sauce soja japonaise assez épaisse. Vous pouvez aussi préparer cette sauce avec du jus de citron vert.
Cette sauce accompagnera le poisson au four, le tofu sauté, les filets de poisson vapeur ou les légumes verts étuvés.

125 ML

Préparation **5 minutes**

Sésame et sauce soja

INGRÉDIENTS

1 c. à s. de graines de sésame grillées
1 c. à s. d'huile de sésame
2 échalotes (50 g) hachées
1 c. à s. de kecap manis
60 ml de jus de citron vert

1. Mélangez tous les ingrédients dans un récipient.

ASTUCE
Cette sauce accompagnera les crudités et les légumes à la vapeur.

125 ML

Préparation + cuisson **20 minutes**

Miso et gingembre

INGRÉDIENTS

60 ml de vinaigre de riz
2 c. à s. de miso blanc
1 c. à s. de mirin
2 c. à c. de sucre
2 cm de gingembre frais (10 g), râpé
1 gousse d'ail écrasée
1 c. à c. de sauce soja
1 c. à c. d'huile de sésame
1 c. à s. d'eau

1. Mélangez les ingrédients dans une casserole et laissez chauffer à feu doux pour faire dissoudre le sucre.
2. Passez la sauce au chinois pour éliminer les résidus solides. Servez-la en saucière.

ASTUCE

Cette sauce accompagnera les bouchées asiatiques à la vapeur, le poulet au barbecue, les légumes asiatiques sautés.

500 ML

Préparation + cuisson **20 minutes**

Sauce aigre-douce aux litchis

INGRÉDIENTS

565 g de litchis en boîte au sirop léger
1 c. à c. de fécule de maïs
80 ml d'eau
2 c. à s. de sucre
2 c. à s. de vinaigre de vin blanc
2 c. à s. de concentré de tomates
2 c. à s. de sauce soja
1 c. à c. d'huile d'arachide
1 petit poivron rouge (150 g) en gros morceaux

1. Égouttez les litchis en réservant 60 ml du sirop. Coupez les fruits en deux.
2. Délayez la fécule dans l'eau puis incorporez le sucre, le vinaigre, le concentré de tomates, la sauce soja et le sirop réservé.
3. Dans une grande poêle, faites sauter le poivron rouge et les litchis dans l'huile. Quand le poivron est tendre, versez la sauce et remuez vivement jusqu'à ce qu'elle bouillonne et épaississe légèrement.

ASTUCE

On peut remplacer les litchis en boîte par des fruits frais. Cette sauce se prépare aussi avec de l'ananas en boîte. Cette sauce accompagnera le tofu grillé, les poissons blancs au four, les blancs de poulet grillés, les légumes vapeur.

12 PERS.

Préparation + cuisson **1 h 15**

Strudel au nashi et au gingembre

INGRÉDIENTS

4 poires nashi (800 g)
1 c. à s. de jus de citron
1 cm de gingembre frais (5 g), râpé
30 g de chapelure japonaise (panko)
165 g de sucre extrafin
35 g de graines de sésame blanc grillées
60 g de noix finement hachées
1 ½ c. à c. de cannelle
8 feuilles de pâte filo
150 g de beurre doux fondu
2 c. à s. de sucre glace

1. Préchauffez le four à 180 °C. Huilez une plaque de four.

2. Pelez et épépinez les poires nashi. Coupez-les en grosses tranches et mettez-les dans un saladier avec le jus de citron, le gingembre, la chapelure et 55 g de sucre.

3. Mélangez les graines de sésame, les noix, les épices et le reste du sucre dans un bol.

4. Étalez 1 feuille de pâte filo sur le plan de travail, en plaçant le côté le plus long vers vous. Badigeonnez-la de beurre fondu. Superposez une autre feuille de pâte filo sur la précédente, en la faisant dépasser de 5 cm sur le bord supérieur. Badigeonnez-la de beurre fondu. Parsemez la moitié du mélange de graines, noix et épice sur la pâte. Recommencez avec le reste des feuilles filo et du mélange de graines, noix et épice, en badigeonnant chaque feuille de beurre fondu.

5. Étalez les poires nashi sur la partie inférieure de la pâte en laissant une bordure de 5 cm en bas et de chaque côté. Repliez les côtés sur la garniture. Roulez la pâte autour de la garniture pour former un rouleau. Posez-le sur une plaque en plaçant la pliure en dessous. Badigeonnez la pâte de beurre fondu.

6. Enfournez 50 minutes. Saupoudrez le strudel de sucre glace avant de servir.

273 KCAL PAR PORTION / LIPIDES **5,9 G** dont 3,7 g de graisses saturées
GLUCIDES **29,7 G** / PROTÉINES **3,2 G** / FIBRES **1,8 G**

4 PERS.

Préparation + cuisson **15 minutes**

Tempura de banane

INGRÉDIENTS

1 œuf
185 ml d'eau glacée
100 g de farine pour tempura
Huile de friture
4 petites bananes (520 g)
1 c. à s. de sucre extrafin
Glace au thé vert
(voir page 304)

1. Mélangez l'œuf et l'eau dans un saladier. Incorporez la farine en remuant : la pâte doit rester grumeleuse.
2. Faites chauffer l'huile dans une grande casserole.
3. Coupez les bananes en deux dans la longueur. Trempez-les dans la pâte et faites-les frire dans l'huile jusqu'à ce qu'elles soient dorées et croustillantes. Procédez en plusieurs fois. Égouttez-les sur du papier absorbant.
4. Dressez les bananes dans des assiettes, parsemez-les de sucre. Servez aussitôt avec de la glace au thé vert, si vous le souhaitez.

290 KCAL PAR PORTION / LIPIDES **11,6 G** dont 1,7 g de graisses saturées
GLUCIDES **39,6 G** / PROTÉINES **6,1 G** / FIBRES **2,9 G**

20 PIÈCES

Préparation + cuisson **20 minutes**

Beignets aux azuki

INGRÉDIENTS

1 œuf
130 g de lait en poudre
100 g de purée de haricots azuki sucrée
150 g de farine
1 c. à c. de levure chimique
75 g de sucre roux
¼ de c. à c. de cannelle
1 pincée de sel
Huile de friture
55 g de sucre extrafin

1. Mélangez l'œuf, le lait en poudre et la purée de haricots azuki dans un bol. Mélangez la farine, la levure chimique, le sucre, la cannelle et le sel dans un autre saladier, puis incorporez le mélange précédent.

2. Faites chauffer l'huile dans une grande casserole. Prélevez des cuillerées de pâte et façonnez de petites boulettes. Faites-les frire 5 minutes par petites quantités, en veillant à ne pas faire trop chauffer l'huile. Lorsque les beignets sont dorés et cuits, égouttez-les sur du papier absorbant.

3. Roulez les beignets chauds dans le sucre pour les recouvrir. Servez aussitôt.

69 KCAL PAR BEIGNET / LIPIDES **2,3 G** dont 0,7 g de graisses saturées
GLUCIDES **10,5 G** / PROTÉINES **1,7 G** / FIBRES **0,5 G**

8 PERS.

Préparation + cuisson **25 minutes (+ réfrigération et congélation)**

Granité aux prunes

INGRÉDIENTS

110 g de sucre extrafin
2 lanières de zeste de citron
375 ml d'eau
825 g de prunes entières
au naturel, en boîte
60 ml de saké

1. Faites chauffer le sucre, les zestes de citron et l'eau dans une casserole, sans faire bouillir, jusqu'à ce que le sucre soit dissous. Portez à ébullition. Baissez le feu et faites frémir 10 minutes. Placez au réfrigérateur. Retirez les zestes.
2. Mixez les prunes en purée. Filtrez le jus.
3. Mélangez le sirop refroidi, la purée de prunes, le jus filtré et le saké dans un plat métallique creux et peu profond de 30 × 20 cm. Placez 1 heure au congélateur. Grattez les bords congelés avec une fourchette et remuez avec le reste de la préparation. Replacez au congélateur et recommencez 3 fois cette opération.
4. Au moment de servir, mélangez le granité avec une fourchette.

121 KCAL PAR PORTION / LIPIDES **0 G** dont 0 g de graisses saturées
GLUCIDES **28,4 G** / PROTÉINES **0,5 G** / FIBRES **1,1 G**

4 PERS.

Préparation + cuisson **20 minutes (+ réfrigération)**

Melon et litchis au sirop citronné

INGRÉDIENTS

½ gousse de vanille
180 ml d'eau
75 g de sucre extrafin
1 c. à c. de zeste de citron râpé
1 c. à c. de zeste de citron vert râpé
1 melon charentais (1 kg) pelé et épépiné
15 litchis frais (375 g) pelés et dénoyautés

1. Fendez la gousse de vanille en deux dans le sens de la longueur. Grattez les graines. Mettez la gousse, les graines, l'eau, le sucre et les zestes dans une petite casserole et faites chauffer à feu moyen, sans faire bouillir, jusqu'à ce que le sucre soit dissous. Portez à ébullition. Faites bouillir 8 minutes, sans couvrir ni remuer, jusqu'à ce que le mélange devienne sirupeux. Laissez refroidir. Retirez la gousse de vanille.

2. Coupez la chair du melon en morceaux. Mettez les fruits dans un grand saladier avec le sirop. Mélangez délicatement. Placez au réfrigérateur pour faire refroidir.

163 KCAL PAR PORTION / LIPIDES **0,2 G** dont 0 g de graisses saturées
GLUCIDES **38,4 G** / PROTÉINES **1,7 G** / FIBRES **2,7 G**

8 PERS.

Préparation + cuisson **25 minutes (+ repos, réfrigération et prise en sorbetière)**

Glace au thé vert

INGRÉDIENTS

1 gousse de vanille
625 ml de crème liquide entière
250 ml de lait
9 jaunes d'œufs
150 g de sucre extrafin
1 c. à s. de thé matcha

1. Fendez la gousse de vanille en deux et prélevez les graines. Faites chauffer la crème, le lait, la gousse et les graines dans une casserole. Dès la première ébullition, retirez aussitôt du feu. Laissez reposer 15 minutes.

2. Fouettez les jaunes d'œufs et le sucre à l'aide d'un batteur électrique jusqu'à ce que le mélange soit épais et onctueux. Tout en continuant à fouetter, versez peu à peu le lait et la crème : la préparation doit être bien lisse. Remettez-la dans la casserole lavée. Faites chauffer 10 minutes à feu doux, sans faire bouillir, jusqu'à ce que la crème anglaise épaississe et nappe le dos d'une cuillère en bois.

3. Mélangez le thé matcha et 2 cuillerées à soupe de crème anglaise dans un bol. Versez ce mélange dans la crème anglaise et fouettez.

4. Versez la crème anglaise dans un saladier à travers une passoire. Jetez la gousse de vanille. Laissez refroidir 10 minutes. Filmez au contact et placez au réfrigérateur.

5. Versez la crème anglaise dans une sorbetière et faites prendre la glace, en suivant les instructions du fabricant.

430 KCAL PAR PORTION / LIPIDES **35,9 G** dont 21,6 g de graisses saturées
GLUCIDES **23 G** / PROTÉINES **5,9 G** / FIBRES **0 G**

8 PERS.

Préparation + cuisson **20 minutes (+ repos et réfrigération)**

Crèmes au thé matcha +++ et rhubarbe au four

INGRÉDIENTS

1 ½ c. à c. de thé matcha
625 ml de crème liquide
165 g de sucre extrafin
3 c. à c. de gélatine en poudre
125 ml de lait
½ c. à c. d'extrait de vanille

RHUBARBE AU FOUR
200 g de rhubarbe pelée et coupée en tronçons
75 g de sucre extrafin
25 g de beurre doux coupé en dés

1. Mélangez le thé matcha et 2 cuillerées à soupe de crème liquide dans une casserole. Versez le reste de crème liquide et mélangez à l'aide d'un fouet. Ajoutez le sucre et faites chauffer, en remuant, sans faire bouillir. Saupoudrez la gélatine sur la crème et remuez sur le feu, sans faire bouillir, jusqu'à ce que la gélatine soit dissoute. Retirez la casserole du feu. Laissez reposer 10 minutes.

2. Versez la crème dans un pichet. Ajoutez le lait et l'extrait de vanille. Mélangez. Répartissez la préparation dans 8 pots de 125 ml chacun. Laissez prendre 3 heures au réfrigérateur.

3. Préparez la rhubarbe au four. Préchauffez le four à 220 °C. Étalez la rhubarbe dans un plat à four et saupoudrez-la de sucre. Répartissez le beurre sur le dessus. Faites cuire 15 minutes jusqu'à ce que la rhubarbe soit tendre : elle ne doit pas se défaire. Laissez-la refroidir à température ambiante.

4. Au moment de servir, ajoutez la rhubarbe sur les crèmes au thé matcha.

473 KCAL PAR PORTION / LIPIDES **37,1 G** dont 24,5 g de graisses saturées
GLUCIDES **33,6 G** / PROTÉINES **3,5 G** / FIBRES **0,6 G**

8 PERS.

Préparation **20 minutes (+ congélation)**

Semifreddo au sésame grillé

INGRÉDIENTS

4 œufs, blancs et jaunes séparés
55 g de sucre glace
80 g de miel
30 g de farine de soja grillée
75 g de graines de sésame blanc grillées, légèrement écrasées
300 ml de crème liquide entière
3 bananes (600 g) coupées en tranches

1. Tapissez un moule à cake de 10 × 21 cm de film alimentaire, en le faisant dépasser de 6 cm sur les côtés longs du moule.
2. Battez les jaunes d'œufs, le sucre glace et 2 cuillerées à soupe de miel dans un saladier avec un batteur électrique jusqu'à ce que le mélange blanchisse et double de volume. Incorporez la farine de soja et les graines de sésame. Montez la crème liquide en chantilly, puis incorporez-la délicatement à la préparation.
3. Montez les blancs d'œufs en neige ferme avec un batteur électrique. Incorporez-en d'abord un tiers à la préparation précédente, puis le reste. Versez dans le moule. Filmez au contact et faites prendre au congélateur.
4. Au moment de servir, découpez le semifreddo en tranches et ajoutez les bananes sur le dessus. Arrosez avec le reste de miel. Sortez le dessert du congélateur 10 minutes avant de le servir pour qu'il ne soit pas trop dur.

À SAVOIR
La farine de soja grillée (kinako) est préparée avec des fèves de soja grillées. Elle est légèrement sucrée et possède un parfum de cacahuète.

351 KCAL PAR PORTION / LIPIDES **22,9 G** dont 11,1 g de graisses saturées
GLUCIDES **27,3 G** / PROTÉINES **9,3 G** / FIBRES **2,6 G**

6 PERS.

Préparation + cuisson **40 minutes (+ repos et refroidissement)**

Flans à la vanille

INGRÉDIENTS

4 œufs
500 ml de crème liquide
1 c. à c. d'extrait de vanille
75 g de sucre extrafin + 2 c. à c.
2 c. à s. de saké
½ c. à c. de zeste de citron râpé
250 g de myrtilles

1. Fouettez les œufs dans un saladier, ajoutez la crème, l'extrait de vanille et 75 g de sucre. Versez le mélange dans un pichet et laissez reposer 10 minutes.

2. Répartissez la préparation dans 6 ramequins de 250 ml chacun. Mettez les ramequins dans un panier vapeur en bambou. Couvrez le panier vapeur et mettez-le sur une casserole d'eau bouillante. Faites cuire 30 minutes à la vapeur. Retirez les ramequins du panier et laissez tiédir.

3. Faites chauffer le saké, le zeste et 2 cuillerées à café de sucre dans une petite casserole. Portez à ébullition. Baissez le feu et faites mijoter à découvert 1 minute jusqu'à ce que le mélange devienne sirupeux. Ajoutez les myrtilles. Faites cuire 2 minutes jusqu'à ce que le sirop devienne violet. Retirez la casserole du feu.

4. Au moment de servir, disposez les myrtilles sur les crèmes.

ASTUCE
Enroulez le couvercle du panier vapeur avec un torchon pour éviter que les gouttes de condensation ne tombent sur les crèmes. Faites cuire les crèmes en 2 fois si le panier vapeur est trop petit.

501 KCAL PAR PORTION / LIPIDES **43,2 G** dont 26 g de graisses saturées
GLUCIDES **20,7 G** / PROTÉINES **8,7 G** / FIBRES **0,9 G**

Glossaire

ALGUES
ao-nori algue séchée en forme de longs rubans, utilisée comme garniture.

kombu base du bouillon dashi et de plats bouillis pour leur donner plus de saveur. Le kombu doit être épais, noir brillant ou brun vert. Il est parfois un peu poudreux. Ne le rincez pas, mais contentez-vous de l'essuyer avec un tissu propre ou du papier absorbant avant de l'utiliser pour qu'il ne perde pas son arôme. Retirez toujours le kombu de l'eau avant l'ébullition afin qu'il ne prenne pas une saveur amère. Avant de le faire cuire, faites des petites entailles sur les bords pour qu'il libère sa saveur.

nori algue séchée souple. On peut la faire griller rapidement d'un côté à la flamme du gaz ou sous le gril pour qu'elle devienne légèrement croustillante.

nori grillé (yaki-nori) algue grillée. On la trouve déjà grillée dans des sachets contenant plusieurs feuilles. On l'utilise pour préparer des makis ou émiettée sur du riz cuit nature, servi avec de la sauce soja. Le nori grillé peut être conservé au réfrigérateur, congelé ou placé dans un récipient hermétique, dans un endroit frais et sec, à l'abri de la lumière.

wakame algue vert vif en forme de lobes, généralement vendue séchée, entrant dans la composition des soupes et des salades. Il ne faut pas la faire mijoter plus de 1 minute pour qu'elle ne se décolore pas et garde ses qualités nutritives. On doit faire tremper le wakame séché 10 minutes pour le ramollir.

BAMBOU, POUSSES DE
on les trouve généralement en boîte, mais elles sont également disponibles fraîches dans les épiceries asiatiques.

BONITE, COPEAUX bonite séchée et débitée en copeaux. Les copeaux de bonite sont vendus en sachet : les plus gros sont utilisés pour préparer le bouillon dashi et les plus fins pour décorer. Conservez-les dans un récipient hermétique après ouverture.

CANARD LAQUÉ cuit dans un four spécifique, le canard laqué est recouvert d'une couche laquée et sucrée, réalisée avec de la sauce soja, du vin de riz, du 5-épices et de la sauce hoisin. Il est vendu dans les épiceries asiatiques.

CHAMPIGNONS
enoki champignon d'origine asiatique à la saveur délicate, formé d'un minuscule chapeau blanc et d'un long pied, vendu en touffe.

pleurote champignon plat poussant généralement sur les troncs d'arbre, apprécié pour sa saveur et sa texture tendres.

shiitake champignon parfumé. Bien qu'il soit cultivé, il conserve tout le parfum d'un champignon sauvage. Sous sa forme séchée, il doit être réhydraté avant emploi.

shimeji champignon japonais, de couleur crème à brun clair. Il possède un petit chapeau plat et un long pied épais. Vendu en botte dans les épiceries asiatiques.

CHAPELURE JAPONAISE (PANKO) existe sous forme de chapelure fine ou grossière. Elle donne un résultat plus léger que les chapelures occidentales.

COURGE KANPYO
copeaux de courge séchée. On les trouve dans les épiceries asiatiques en sachet ou cuisinés en bocal ou au rayon frais. Après être réhydratés, les copeaux sont utilisés pour garnir les makis ou pour décorer les plats.

DAIKON gros radis blanc, vendu en supermarché et dans les épiceries asiatiques.

pickles le daikon peut être mariné en saumure. Il est alors jaune vif, croquant et piquant.

DASHI il existe 3 types de dashis dans la cuisine japonaise. Le katsuo-dashi est un bouillon préparé à base de copeaux de bonite. Le kombu-dashi est préparé avec des algues séchées. Le niboshi-dashi est un bouillon préparé avec des sardines séchées ou des anchois séchés. Il existe du dashi prêt à l'emploi en poudre, en granulés ou liquide.

FÉCULE DE MAÏS utilisée pour épaissir les préparations culinaires.

FÈVE DE SOJA plante très nourrissante, riche en protéines et pauvre en glucides.

GINGEMBRE

beni shoga gingembre mariné au vinaigre et coloré en rouge vif. Il est vendu sous vide ou en bocal dans les épiceries asiatiques. Il est souvent utilisé pour confectionner les makis.

frais plante exotique, vendue sous forme de racine. Il peut se conserver pelé et recouvert de xérès sec dans un bocal au réfrigérateur, ou congelé dans un récipient hermétique.

mariné appelé « gari » en japonais. Il s'agit de fines tranches de gingembre en saumure. On le trouve désormais dans tous les supermarchés.

GYOZA fines galettes rondes à base de farine de blé, servant à enrober la garniture des raviolis. À défaut, utilisez des galettes de riz.

HARICOT-KILOMÈTRE haricot vert, très long (40 cm environ) et fin, vendu frais dans les épiceries asiatiques.

HOISIN, SAUCE sauce chinoise épaisse, suave et aromatique, composée de pâte de germes de soja salés fermentés, d'oignon et d'ail. Disponible dans les épiceries asiatiques et dans les supermarchés.

HUILE DE SÉSAME cette huile typiquement asiatique est fabriquée à partir de graines de sésame grillées. Elle est plus utilisée pour parfumer que pour faire cuire les aliments.

KAFFIR, FEUILLES DE CITRON ou feuilles de combava. Feuilles luisantes, vert foncé, jointes bout à bout en forme de sablier. On les trouve fraîches, séchées ou surgelées dans les épiceries asiatiques. Les feuilles sèches ont un parfum moins fort et il faut doubler la quantité de feuilles utilisées. Vous pouvez remplacer chaque feuille de citron kaffir par un morceau de zeste de citron vert.

KECAP MANIS sauce indonésienne épaisse et sucrée, à base de soja, de sucre et d'épices.

LOTUS, RACINE appelée « renkon » en japonais. La racine de lotus a une consistance croquante et une saveur délicate. La racine de lotus étant creusée de cavités sur toute la longueur, on obtient des tranches ajourées très jolies en le coupant. La racine fraîche doit être pelée et cuite pour être consommée. On la trouve également en conserve, sous vide ou surgelée.

MÉLANGE DE 7-ÉPICES (SHICHIMI TOGARASHI) mélange japonais contenant 7 ingrédients différents, notamment des épices, des graines et des algues. Le mélange peut être plus ou moins pimenté.

MIRIN vin de cuisine japonais de la couleur champagne. On l'obtient en mélangeant du riz gluant et de l'alcool de riz. À ne pas confondre avec le saké.

MITSUBA il appartient à la famille du persil et est disponible dans les épiceries asiatiques. Vous pouvez le remplacer par du persil plat.

MIZUNA salade japonaise au goût de moutarde et dont la forme rappelle la roquette.

MOUTARDE JAPONAISE ou wagarashi. De couleur verte, ce condiment est vendu sous forme de poudre ou de pâte.

NASHI fruit de la famille des poires, à la chair

croquante et juteuse, originaire de Chine.

NOUILLES
de riz fraîches composées de farine de riz et d'huile ; blanches et souples, elles sont de différentes largeurs.

hokkien nouilles de blé fraîches qui ne nécessitent pas de prétrempage. Ressemblent à de gros spaghettis d'un jaune brun.

ramen nouilles japonaises vendues en sachet avec des légumes et un assaisonnement pour préparer un repas instantané. Elles existent en différentes formes et longueurs.

soba nouilles fines ressemblant à des spaghettis brun pâle. Elles sont préparées avec de la farine de sarrasin et se mangent froides ou chaudes.

somen nouilles de blé japonaises très fines et blanches. Servies généralement froides au Japon en été.

udon nouilles préparées avec de la farine de blé et de l'eau. Peuvent être rondes ou plates.

vermicelles de soja (harusame)
ou nouilles cellophane. Ces longs filaments transparents sont composés d'amidon de soja ou de fécule de pomme de terre. Il faut les faire tremper dans l'eau avant de les utiliser.

NUOC-MÂM ou sauce de poisson. Il est préparé à base de poissons salés fermentés, généralement des anchois ou des calamars. Il existe plusieurs variétés plus ou moins fortes. Cette sauce ayant un goût marqué, elle doit être utilisée avec parcimonie.

OIGNONS
ciboule appelé aussi « oignon vert ». Jeune oignon sans bulbe dont on consomme la tige verte. À ne pas confondre avec la ciboulette.

oignons nouveaux jeunes oignons vendus en botte au petit bulbe blanc et aux longues tiges vertes.

PAK CHOÏ ou bok choy. Ce chou qui ressemble à des côtes de bette a un goût frais et légèrement moutardé. Les tiges et les feuilles sont comestibles. Il se cuisine sauté ou braisé.

PORC LAQUÉ ou porc char siu. Il est cuit dans un four spécifique et se couvre à la cuisson d'une croûte sucrée et laquée. Vendu dans les épiceries asiatiques.

RIZ JAPONAIS le riz japonais est un riz à grains ronds. Au Japon, les marques les plus connues sont Koshihikari et Sasanisiki. En Occident, on trouve plus facilement les marques Kahomai, Nishiki, Maruyu et Minori.

SAKÉ vin de riz sec, le saké entre dans la composition de nombreux plats japonais. Il existe plusieurs qualités de saké, les meilleures étant réservées à la dégustation, et le saké à plus faible teneur d'alcool à la cuisine, notamment pour les marinades, les sauces d'accompagnement et la cuisson.

SANSHO poivre japonais. Épice japonaise à la saveur piquante, provenant de baies séchées et moulues d'une variété de frêne épineux. À défaut, utilisez le poivre du Sichuan.

SASHIMI le poisson utilisé pour préparer des sashimis doit être d'une grande fraîcheur et être manipulé dans le respect des règles d'hygiène les plus strictes.

SHISO appartient à la famille de la menthe, mais possède un goût plus proche du basilic. Le shiso rouge est moins parfumé et davantage utilisé pour sa couleur et pour préparer les pickles.

SOJA, SAUCE
sauce à base de fèves de soja fermentées. Il existe plusieurs variétés disponibles en grandes surfaces et dans les épiceries asiatiques. Sauf mention contraire, nous utilisons de la sauce soja japonaise.

claire cette sauce liquide de couleur claire est plus salée que les autres sauces soja. À ne pas confondre avec la sauce soja à teneur réduite en sodium.

foncée cette sauce de consistance épaisse est

moins salée que la sauce soja claire. Elle possède une saveur maltée. Elle se prête bien à la préparation des marinades.

japonaise cette sauce soja est moins salée et contient plus de froment que la sauce soja chinoise. Elle est fermentée en fûts avant d'être mise en bouteille. Il s'agit de la meilleure sauce soja et si vous ne devez en avoir qu'une seule, choisissez celle-ci.

SAUCE WORCESTERSHIRE JAPONAISE il existe 2 variétés de sauce Worcestershire japonaise : l'une est similaire à la sauce Worcestershire britannique et l'autre est légèrement moins forte en goût. Elles se composent toutes les deux de vinaigre, de tomates, d'oignons, de carottes, d'ail et d'épices en proportions variées.

SÉSAME, GRAINES DE les graines de sésame blanc et noir sont les plus répandues, même s'il en existe du rouge et du brun. Ces petites graines ovales sont utilisées comme ingrédient ou comme condiment. Vous pouvez les faire griller dans une poêle à feu doux.

SÉSAME, PÂTE (NERI-GOMA) traditionnellement, la pâte de sésame est préparée en écrasant des graines de sésame grillées dans un mortier. Elle est également disponible dans les épiceries asiatiques. Sinon, vous pouvez la remplacer par du tahin (purée de sésame orientale), mais celui-ci étant réalisé avec des graines de sésame non grillées, le goût sera différent.

SHIRATAKI longues nouilles translucides, fabriquées avec la fécule de la racine d'un tubercule japonais, le konnyaku. On les trouve dans les épiceries japonaises en sachet plastique, mélangés à de l'eau.

TAMARI le tamari est similaire à la sauce soja japonaise mais est plus épais. Il possède une couleur intense et une saveur particulière.

TERIYAKI, SAUCE mélange traditionnel de sauce soja et de mirin destiné à badigeonner les viandes, les volailles, le poisson et les fruits de mer grillés. Il existe 2 variétés, l'une épaisse et l'autre plus claire.

TOFU
abura-age mince poche de tofu frit que l'on peut garnir. On en trouve une variété assaisonnée en sachet ou en boîte. L'atsu-age est une version plus épaisse que l'abura-age.

ferme lait de soja caillé que l'on presse afin de lui retirer son eau. Idéal pour préparer les plats au wok car il ne se défait pas à la cuisson.

soyeux ferme vous trouverez du tofu soyeux ferme dans les épiceries asiatiques ; le tofu soyeux des magasins bio est généralement du tofu soyeux mou.

UMEBOSHI, PURÉE la purée d'umeboshi est préparée avec des abricots japonais (ume) séchés dans du sel et teintés en rouge avec des feuilles de shiso. On la trouve dans les épiceries asiatiques et les magasins diététiques.

VINAIGRE
à sushi mélange de vinaigre de riz, d'eau et de sucre, à incorporer au riz des sushis. On en trouve tout prêt sous forme de poudre ou de liquide.

de riz vinaigre ambré et translucide à base de riz fermenté, de sel et de sucre. On peut le remplacer par du vinaigre de cidre ou du xérès.

WASABI appelé aussi « raifort japonais », la chair de la racine du wasabi est vert pâle et piquante. Elle est vendue sous forme de poudre ou de pâte.

WONTON carrés ou disques de pâte, à base de farine de blé, d'œuf et d'eau, vendus au rayon frais ou surgelé des épiceries asiatiques. Il existe différentes épaisseurs de pâte. Les wontons fins sont utilisés pour les soupes et les plus épais pour la friture. Le choix de la forme et de la taille des wontons dépend de la recette à réaliser.

Index

Suivi éditorial : Natacha Kotchetkova
Mise en pages : Les PAOistes
Relecture : Véronique Dussidour
Photogravure : Quadrilaser

© Hachette Livre, Marabout
58, rue Jean-Bleuzen
92178 Vanves Cedex

Dépôt légal : mai 2018
7598986/01
ISBN : 978-2-501-12939-8
Achevé d'imprimer en Espagne en avril 2018 sur les presses de Grafica Cayfosa.